大手コンビニフランチャイズオーナーが教える!

儲かるコンビニフランチャイズの教科書

環
Yam gase

自由国民社

はじめに

本書を手に取っていただき誠にありがとうございます。

コンビニエンスストア、たこ焼き屋、ラーメン屋、クリーニング店、塾、スポーツジム、介護医療施設まで、街を歩けば通りに面した店舗のほとんどがフランチャイズだったなんてこともあるくらい、多くのフランチャイズチェーンが存在しています。

この本を手に取ったあなたはきっと起業の1つの選択肢としてフランチャイズをお考えの方、もしくは既にフランチャイズビジネスの加盟店オーナーとして店舗運営をされている方ではないでしょうか。

フランチャイズは、フランチャイズ本部の用意した道に乗るだけで、経済的な成功や、社会的地位の向上ができる、いわば「近道」が用意されたものです。もちろん、うまい話ばかりではなく、実際経営してみてうまくいかない人もいますが、正しい思考と行動を選択することができれば、失敗するリスクは少ないビジネスモデルだと言うことができるでしょう。

実際、起業の選択肢の1つとしてフランチャイズはとても有力です。それを裏付けるのが、フランチャイズチェーンの市場規模が２００９年の約21兆円から、２０１８年には28％増の約26兆円となっているという事実です。多くの人がフランチャイズを起業の選択肢に入れているということになります。

さらに付け加えると、起業して1年後にその会社が存続している割合は72・8％、3年後には52・8％と言われています。つまり、起業して3年経つ頃には約半数もの企業が廃業しているということになります（２００６年版中小企業白書）。個人で独立起業して成功するのは大変で、成功率はこのようにとても低い。フランチャイズチェーンに加盟することはそういった廃業リスクを軽減してくれる、勝てる起業の1つということが言えるのではないでしょうか。

私は、大手コンビニエンスストアの加盟店オーナーをやっています。私の店舗があるのは人口1人当たりの乗用車台数が0・712台と全国で一番多い県（一般社団法人自動車検査登録情報協会2021年）です。まさしく車社会で、駐車場面積の広さが売り上げを左右するような土地柄です。現在の店舗数は7店舗。

全国を見れば20店舗、30店舗経営しているグループもありますので、上を見ればまだまだ規模の小さなグループですが、コンビニ経営としては成功している部類なのではないかと思います。

「フランチャイズだから本部の言う通りやればいいのでは？」といったイメージを持たれる方がいらっしゃいます。

確かに本部の持っている設備・システム・商品・ブランドイメージを使わせてもらっているので、大きな恩恵を受けていますが、実際のところ、普通の会社経営と同じ苦労をしています。楽なものではありません。

よく分からないまま、フランチャイズ経営を始めて、失敗してしまった方のお話を聞きます。

「ある大手の企業で早期退職した何人かがコンビニ経営を始めたが、3年で2軒潰れた」とか、フランチャイズの塾を経営している知人からは「自分はうまくやっているほうだけど、開業して2~3年で廃業している加盟店オーナーも少なくない」とか、フランチャイズ経営は安泰だというイメージがある一方、うまく行かないケースも少なくありません。

なぜ失敗してしまうのでしょうか。

もちろん、選択した業界・業種、時流、商品・サービス、個人の能力など様々な要因が挙げられますが、私のまわりから聞くことを勘案すると、大きくは加盟することで「本部が何でもやってくれるだろう」という考えが原因としてあるように思います。

本書は、数多くあるフランチャイズビジネスの本の中でも、フランチャイズ本部（フランチャイザー）でもなくコンサルタントでもない、実際にフランチャイズに加盟しているオーナー（フランチャイジー）が書いている実体験に基づいた数少ない本です。もちろんコンビニが中心になりますが、フランチャイズビジネス全般における加盟店側の心構えや考え方をお伝えしています。そして私が見てきたケーススタディをベースに、コンビニフランチャイズで成功している人がやっていること・やらないこと、成功するための経営ノウハウなどを示しています。

本書が、これからフランチャイズ経営を始めようと思っている方のはじめの一歩に繋がることができたとしたら、また、既に経営を行っていてうまく軌道に乗せることができていないフランチャイズ加盟店オーナーにとっての経営のヒントになることができたら、この上ない喜びです。

CONTENTS

第3章 フランチャイズに向いている人／向いていない人 79

第4章 フランチャイズ経営の成功とは 137

第5章 フランチャイズでの成功の形 多店舗展開していくためには 163

第6章 私が実践している！成功するための店舗の人事戦略 187

第1章

フランチャイズへの加盟は成功までの時間を買うこと

そもそもフランチャイズって？

この本を手に取っている読者の方は、どのフランチャイズに加盟しようか考えていらっしゃる方、もしくは起業の選択肢としてフランチャイズを考えている方だと思います。

この本では、フランチャイズビジネスの中でも、シェアの大きいコンビニエンスストア経営から、フランチャイズビジネスにどんな方が向いているのか、またフランチャイズ経営の実態をお伝えしていきます。まず第1章では、コンビニに限らずフランチャイズに加盟するメリット「時間短縮」についてお伝えします。その前に、そもそも本部はなぜ直営店ではなくフランチャイズ化するのでしょうか。

1つは規模の拡大のスピードにあります。

全て自前の店舗で拡大していけば、直営店なので、全て儲けになります。

しかし、全て直営店にしてしまうと成長スピードが鈍化します。

なぜならば、店舗を拡大していこうと思ったら、店舗が増えるごとに開業資金や商品仕入れ、人件費などのコストがかかるからです。

一度に複数のお店を同時オープンすると、その費用が発生することになると思うので順調に店舗を拡大し、利益を生み、1店1店コツコツと増やすことしかできません。

全てを銀行借入に頼ろうと思っても、1つの会社で借りることのできる金額には限界があります。銀行からの信用を積み重ねて借り入れができる金額が増えていったとしても時間がかかってしまいます。

ところが、フランチャイズ化すれば店舗費用、仕入れ、人件費などの費用を加盟店オーナーが負担するので、フランチャイズ本部が支払う1店舗当たりのコストを圧縮することができます。

直営店展開して行った場合に比べると初期投資の金額は圧倒的に抑えられます。本部が負担する金額が低いので、本部側の出店リスクは低いし、加盟したいという人が増えれば増えただけ、店舗数を一気に増やすことができるのです。このように規模の拡大のスピードを上げることができるのがフランチャイズ化するメリットです。

もう1つのフランチャイズ化する目的は規模のメリットにあります。加盟金・ロイヤリティという形で加盟店からのお金が集まってきます。

その集まった資金を効率良く売り上げを上げるために投資することができます。商品・システムの品質向上のスピードを速めることができます。

店舗数が多く仕入れる数量が多いということは、仕入れ先との交渉を有利に進めることもできます。

大量購入するので、安く仕入れることができます。

資金があれば、商品開発にお金を使うこともできますし、開発したものを多くの店

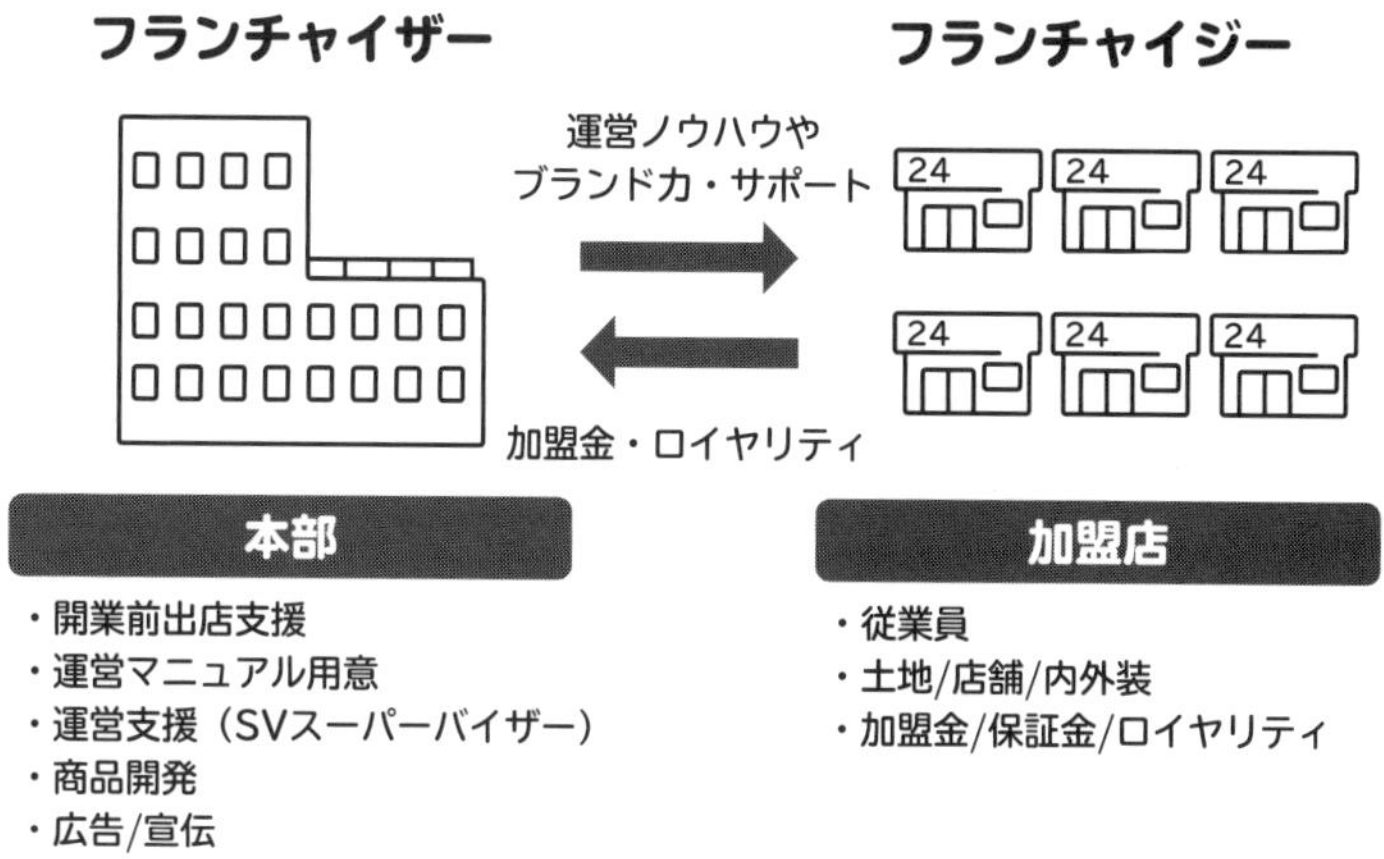

舗で活かすことができます。

また店舗が増えれば増えるほど、多くの人の目に触れることができます。認知度が高くなれば信用力も上がるため、商売はしやすくなります。

以上の理由から、本部は自らのビジネスをフランチャイズ化しようと考えるのです。

規模の大小はあれど、加盟するならば信用できるフランチャイズ本部と一緒に商売をしていきたいものです。

「ブランドを買う＝信用がついてくる」時間短縮

もしあなたが訪れたことのない土地に車で出かけた時に用をたしたくなったら、どんなところでトイレを借りますか？　ドライブイン？　公衆トイレ？　コンビニ？　サービスエリア？

高速道路を利用していた場合はサービスエリアを使う方が多いでしょう。

しかし、一般道だったらどうでしょうか？

最近はドライブインの数もめっきり少なくなってしまったので、きっと多くの方はコンビニを選ぶのではないでしょうか？

では、なぜコンビニなのでしょうか？

セブンイレブンだから？　ローソンだから？　ファミリーマートだから？　看板の違いはあったとしても、コンビニにいけば、トイレを借りられることを知っているからですよね。

時々「トイレ貸します！」と書かれた個人商店を見かけます。でも、よほど急いでいる場合でない限り、飛び込むことはないですよね。

なぜコンビニなら入るのに、個人商店には入らないのか。

それは、コンビニのビジネスモデルというものが、周知されていて、信用されているからです。「トイレはあの辺にあって、レジはこの辺、接客はこんな感じ」などとイメージしやすいから安心です。

一方、個人商店であったら（もちろんお店によるかと思いますが）「トイレを借りたいけれど、トイレは綺麗なのかな」などと少し不安に感じてしまうのではないでしょうか。

コンビニに限ったことではなく、フランチャイズチェーンというのは、たとえそれまで利用したことのない店舗でも、たとえそこがオープンして1週間しか経っていない店舗だとしても、安心して立ち寄っていただけることのできる「信用」を最初から手に入れることができるものなのです。

つまり「本来信頼を得るまでにかかる時間を短縮」して、「短い時間で信用を得る」ことができるビジネスモデルなのです。

しかしその反面、同じ看板を掲げていることによるデメリットもあります。

例えば、コンビニ24時間営業の問題です。

確かに一部のコンビニエンスストアでは人材の確保が難しく、深夜に働いてくれる従業員が集まらない店舗があるのは事実です。

また、お店のまわりに住宅もない、交通量も少ないという立地では、深夜に営業している意味がないという店舗もあるでしょう。24時間営業することが難しい店舗があるのは確かなことで、実際に深夜営業営業をやめている店舗も見かけるようになりました。

テレビなどのメディアでこの問題が注目されている頃は、「コンビニは本部から24時間営業を押し付けられていていいるんでしょ。大変だね」と私の店舗でも言われることがありました。ニュースやネット記事で見聞きしたことが、全店舗共通の問題だと思い込んでいる人が少なくないのです。

このような場合であれば、経営に悪影響を及ぼすことはありませんが、「品質不良」「接客態度の悪さ」など、自分のお店ではないところで起きた問題が、自分のお店の経営に影響を与えてしまう風評被害もあります。

実際あった事例ですが、北海道にあるコンビニの店舗で1ヶ月も販売期限を過ぎたおでんを売っていました。そのことがニュースで報道されたのです。

そこで働くアルバイトがその店の不正を暴くために「おでんの仕込み方を覚えるために動画を撮らせてください」と店員に伝え、期限切れの商品を仕込む現場を撮影し、ネット上にアップしたのです。

そのことで販売期限を守らず販売している事実が明るみになりました。

当たり前のことですが、販売期限を守って仕込みを行い、期限切れものは廃棄する決まりになっています。

真面目に販売期限を守ってやっている店舗からすると、一部のお店がルールを守らないがために、コンビニのおでんのイメージが悪化し、「これでおでん売れなくなったらどうしよう！」と不安にさせられるのです。

当たり前のことを当たり前にやっている側からするとたまったものではありません。

このようにフランチャイズは本来時間のかかる**「信用」を得る時間を短縮できるという大きなメリットがある反面、同じチェーンの他の店舗でのミスまで自店にふりかかってくる恐れがあるビジネスであること**を知っておいたほうが良いでしょう。

「本部が作った成功モデルをそのままトレースできる」時間短縮

ビジネスを立ち上げようと思ったら、まず、どんなビジネスをするのか、どのような仕組みを作るのか、どんな道具が必要でそれをどう運用していくのか、といったことを考えなければいけません。

一つひとつこと細かに決めていかなければいけません。

フランチャイズの場合は〝ある程度〟のところまでは本部が用意してくれます。

何も決め事をしなくていいのかと言ったらそうではありませんが、店舗の看板の色やイメージ、使用する機材や本部経由で仕入れることができる商品、時には会計の仕組みまで本部側がパッケージとして準備してくれます。

それまで本部が積み上げてきたノウハウを盛り込んだ仕組みです。

例えるならば、プラモデルです。

プラモデルは最終的に出来上がる形は決まっていて、説明書通りに作っていけば形になります。よほど不器用でない限り、ちゃんとできるようになっています。


私はたまにガンプラを作りますが、素組み（説明書通りに組むだけ）でもそこそこかっこいいものができます。

私には色を塗ったり、合わせ目を消したりする技術がないので ただ組むだけ。

〝ある程度〟のレベル止まりです。

しかし、1時間で作れる手軽さと、その時間で出来上がったもののクオリティに満足しています。ガンプラは時間対効果の面で非常に優れています。


もし、加工もしていないただのプラスチック板を渡されて手作りでガンダムを作れと言われても無理です。

時間をかけたとしてもガンダムを作ることはできないでしょう。

ガンプラは安いものであれば2000円も出せば買うことができます。同じ量のプラスチックを買えば、もっと安いのかもしれません。しかし、プラスチックがいくら安く買えるからと言って、手間・時間を考えたらガンプラを購入したほうが良い。

後はガンダムにするのかザクにするのか出来上がりの形を選ぶだけです。作り方次第でクオリティに大きな差を生むこともできますが、ある程度の形までは誰でも到達することができます。

フランチャイズというのは本部が用意してくれた出来上がっているパッケージを買うことで、ゼロから事業を立ち上げようと思った時に生じる手間と時間を大幅に短縮してくれるというメリットがあります。

〝本来かかるはずの手間と時間〟を手に入れるのだから、それに対価を払わなければなりません。それが契約料であったりロイヤリティであったりするのです。

「フランチャイズの信用があるので融資が受けやすい」時間短縮

私が加盟するコンビニチェーンで起業しようと思ったら、2通りの加盟方法があります。

「自前店舗型契約」と「本部店舗型契約」と言います。

自前店舗型契約は土地・建物を加盟店オーナーが用意するもの（オーナーの投資・多）。

本部店舗型契約は土地・建物をフランチャイズ本部が用意するものです（オーナーの投資・少）。

自前店舗型契約のほうがオーナーの投資金額が大きいので、当然本部に支払うロイヤリティは低くなります。本部店舗契約はオーナーの初期費用が少ない分、自前店舗契約よりも多くのロイヤリティを支払わなければなりません。同じ売り上げの自前店舗型契約店舗と本部店舗型契約店であれば、収入は自前店舗型契約のオーナーのほうが多くなります。

本部店舗型契約を始めるには加盟金と当面の生活費があれば大丈夫です。

おおよそ400〜500万円です。

土地の購入や賃貸借契約、建物の建築など手間のかかる部分は本部が行いますので、加盟店オーナーは地主とも建築業者ともほとんど関わることなしにオープンまで辿りつくことができます。

しかし、自前店舗型契約となると少し勝手が違います。

私の加盟するコンビニチェーンでは自前店舗型契約は「土地・建物をお持ちで、ご商売経験、または商売を始めたい方」と表記されていますが、土地・建物があれば何でもいいのかと言ったらそうではありません。

実際に所有している土地があったとしても、店舗をオープンさせた場合に売り上げが見込めない場所であればそこに出店の許可は下りないのです。

かつてであれば、コンビニ向きの立地に酒屋などの商売を営んでいる方が多かったため、その場所で店舗経営を始める方がいらっしゃいました。

しかし、現在では既にそのような好立地は手がつけられているところばかりです。

たとえ今お持ちの土地・建物があったとしても、出店に見合った場所であるケースはほとんどないと言って良いでしょう。


そのため、これから自前店舗型契約で出店しようと思ったら新たに出店条件を満たす土地・建物を探さなければいけません。

加盟店オーナー自身で物件を探すこともあれば、店舗開発の部署から「ここを自前店舗型契約でどうでしょう」と持ちかけられる場合もあります。

何もない更地から計画が立ち上がることはほとんどなく、時には田畑である場所が、時には住居がある場所が出店候補地となります。

とんとん拍子で話が進んでいく場合もありますが、農地を宅地に地目を変更するのに何年もかかってしまったり、居住者の立ち退きに時間がかかったりすることも少なくありません。

場所が決まれば次に建築です。

私が加盟するコンビニチェーン店の場合、本部推奨業者というものがあります。

本部店舗型契約の場合は全て推奨業者が建築を請け負います。

本部からすると、自チェーンの店舗建築に慣れていて、タイトなスケジュールであっても期日を守れる信頼できる業者が安心です。

店舗の建築に精通した建築業者である本部推奨業者を好みます。


自前店舗型契約の建築費は加盟店オーナーが負担します。


自前店舗型契約でも本部推奨業者で建築することもできますが、他の建築業者に建築を依頼することも可能です。

私はなるべくコストは抑えたいので、本部推奨業者と別の業者で相見積もりを取って価格競争をさせます。そして金額の安いほうと建築請負契約します。


ようやくここから本題です。

私の持つ自前店舗型契約店舗は5店舗（2店舗が本部店舗型契約）ですが、土地の賃料が月々おおよそ20万円から50万円の間、建築費用が5000万円から8000万円程度です。

7000万円の建築費（例えば月々25万円の賃料で、金利1・2％で返済期間15年で計算）の場合、賃料25万円＋建築費の月額約42万円＝約72万円が毎月かかることになります。

首都圏でない郊外に出店する場合おおよそこれくらいの金額が必要になります。

首都圏の場合、賃料だけで100万円を超える場所も少なくありませんので、自前店舗型契約での出店はあまり現実的ではありません。

弊社から独立してオーナーになった元従業員がいます。

私から学んだ彼は「独立するなら自前店舗型契約」と決めていました。本部店舗型契約より自前店舗型契約のほうが初期投資が大きい分リターンも大きいことを知っていたからです。

彼は銀行から5000万円の融資を受けることができました。

銀行は貸してくれと言って簡単に貸してくれるものではありません。

いくらその会社の業績が良くてもそれまで何の付き合いもなければ貸してもらうことは難しいものです。

会社や個人でその銀行の口座を持っていたり、少ない金額であっても融資を受けた経験があったほうが大きな金額を貸してもらおうと思った時に有利に働きます。

しかし、独立した彼はそれまで当社で働く〝会社員〟でした。

銀行との付き合いはありません。

確かに、経験値のある私が間に入ったので、うまくいったところはあります。

しかし、たとえ間に入ったからといって、行う事業が〝大手コンビニチェーン店〟でなかったとしたら、融資を受けることはできなかったのではないかと思います。

フランチャイズは銀行からすると計画が立てやすいものです。

「このフランチャイズの平均売上はいくら」「利益はどれくらい」「月々いくらの返済計画になる」「金利はどれくらいが妥当か」といったものが、データをもとに予測することがしやすいです。

また、**個人で始める事業より廃業リスクが低い**ことも銀行の信用を得ることができる要因の1つです。

銀行はお金を貸し、貸したお金を返してもらいます。

銀行は貸したお金に金利をかけることで利益を得ます。

貸したお金が返って来なければ銀行は損をしますので、お金を貸すなら返ってくる確率の高いところに貸したいと考えます。

慈善事業ではないので、危険性のあるビジネスにお金を貸すことはありません。

金融機関と言っても、信用金庫や地方銀行、都市銀行などがあります。

これから新たに事業を始めようと思ったら、信用金庫か日本政策金融公庫がハードルが低く始めやすいと思います。

加盟したいフランチャイズの初期費用が高額であっても、それまで銀行との取引がほとんどなかったとしても、動く前から諦めるのではなく金融機関を訪ねてみましょう。

本部に相談してみるのもいいでしょう。

銀行交渉に同行してくれる場合もあります。

自分だけで考えて不可能だと思っていることも、意外とその道の専門家からすると簡単に解決できることだったりします。

まだ店舗数の少ないあまり名の知られていないフランチャイズだと難しいかもしれませんが、ある程度名の通ったフランチャイズであれば、その名前だけである程度の信用を得ることができます。

個人で事業を立ち上げても融資をしてもらえる〝信用力〟を持っているのが、フランチャイズビジネスの大きなメリットと言えるでしょう。

「商品・システム開発は本部まかせ」の時間短縮

コンビニをお客様として使っていると気がつかないと思いますが、私の加盟するコンビニチェーン店では毎週50～100種類の新商品が店頭に並びます。

「え？　そんなに？」と思ったかもしれません。

栄養ドリンク、雑貨、ソフトドリンク、お菓子、デザート、おにぎり、弁当、サンドイッチ、パスタ…。

一つひとつの売り場で数個ずつ新商品が発売されただけでもかなりの数になります。

月に一度とかではなく毎週です。

また、本部が一括で購入するので、安価で仕入れることができます。

オリジナル商品開発も店舗自ら行うことはなく本部が行ないます。

問屋ごとに注文を出す必要もありません。

お店にあるストアコンピュータで注文をすれば、様々なメーカーの商品をまとめて発注することができます。注文した商品はメーカー関係なく一括で納品になります。


このように、フランチャイズでは「どの商品を」「いくらで」「いつ」「何個から注文できる」という本来であれば問屋と自ら交渉する部分であったり、手間のかかるオリジナル商品の開発、発注の仕組みを本部が提供しています。


レジもコピー機も個人店では用意ができないハイスペックな機器です。

レジは現金決済だけでなく、PayPayなどのバーコード決済、QUOカード決済やクレジットカード決済など様々な決済方法に対応することができます。

公共料金の支払いや宅急便の手続きもできます。

コピー機はコピーだけでなく写真プリントができたり、FAX、楽譜のダウンロード、野球の観戦チケットが取れたりします。本部はこのようにストアコンピュータ、レジ、コピー機などのシステム開発をしてくれます。

本来起業した時に必要になってくるものを、個人商店では揃えられないレベルのものを本部が用意してくれます。これは大きな時間短縮と言っていいでしょう。

「社長になる」時間短縮

ビジネスパーソンだと昇進・昇格には時間がかかるもの。

「何歳くらいで課長になって、何歳ぐらいで部長になれたらいいな」と先を考えるでしょう。

実力・実績・運など、企業内で上を目指そうと思ったら、相当の努力が必要になり、時間がかかるものです。むしろ重要なポストにつけるのは一握りの方だけです。

しかし、フランチャイズに限ったことではありませんが、起業すればすぐに社長の名前が手に入ります。

学歴がなくても実績がなくても、すぐ社長です。

社長になったからといって、給料がたくさんもらえるという訳ではありませんが、肩書きだけは手に入れることができます。

社長になると銀行との付き合いが変わります。

会社員で銀行に出入りをしていると主な行き先はATMです。社長になって銀行に行くと窓口が行き先になります。

法人であってもATMで済ませられるものもありますが、法人税や消費税、市県民税などの支払いはATMではできません。窓口で行います（最近はe-TaxやeLTAXなどのネットで支払えるケースも増えてきていますが）。

ビジネスパーソンは銀行の担当行員とやりとりをすることは少ないでしょう。

ある程度の資産を持っていたり、遺産相続を相談する年配の方であれば、個人でも担当がつきますが、現金の入出金や振り込みを行う程度では担当者がつくことはありません。

会社には、法人担当の部署から担当行員がつきます。

時々「うちは小さい会社だから担当者はつかないと思いますよ」と言う方がいますが、それはその社長が知らないだけで全ての法人には担当者がついています。

担当行員との面談は銀行の個室で行うこともあるし、自社に足を運んでもらうこともあります。いずれにしても、主な手続きはATMではなく窓口や担当行員とすることが多くなります。

社長になると責任が変わります。

ビジネスパーソンは会社に守られる側ですが、社長は従業員を守る側です。守られる側と守る側では責任の重さが違います。

会社内の事柄は〝全て〟社長の責任です。

たとえ社長がやったことでなかったとしても、社長自身が把握していなかったことだとしても、会社内で起きたことは全て社長の責任です。

社長は従業員に給料を払わなければいけません。

支払いを遅延することもダメです。

これは絶対に守らなければいけない責任です。

雇用した従業員の生活を守らなければいけないのが社長の責任だからです。

社長は会社を存続させなければいけません。

会社を存続させていくための経営戦略、会社内のルール作りをしなければいけない責任があります。

会社が存続できなかったら、今いる従業員が路頭に迷うことになるかもしれません。

会社を存続させることが従業員を守ることに繋がります。

会社員から社長に変わるとこのように、責任が大きく変わります。

社長になると時間の使い方が自由になります。

会社員だと何時から何時までが就業時間で、残業代がついて、年間休日日数は何日で、有給休暇は何日で、というように働く時間が決められていますよね。

しかし、社長は何時から働いてもいいし、何時まで働いてもいい。どれだけ働いても労働基準監督署に罰せられることはありません。やりたい仕事を納得がいくまでとことんやることができる自由な時間を持っているのが社長です。

逆に自由を履き違えてしまう社長も少なくありません。

仕事をせずに週休を3日とったり、ゴルフばかり行ったりするなどです。時間管理が自分の手に委ねられているからといって遊んでばかりいては本末転倒です。

自らを律し、働く時間を確保する必要があります。

会社内で社長に意見してくれる人はなかなかいるものではありません。自らの強い意志が必要です。

「協力者ができる」時間短縮

起業するにあたって協力者なくして始められるビジネスはないでしょう。

フランチャイズビジネスは協力者ですらパッケージの中身に入っています。

例えば、私の加盟するコンビニチェーンで起業しようと思った場合、契約前には本部の店舗開発の部署が立ち上げの手伝いをしてくれます。

その部署は、出店に関わる部署で、立地調査から店舗の建築、出店までの準備をしてくれます。

もし自身で起業しようと思ったら不動産業者や建築業者、マーケット調査会社に依頼をすることになるでしょう。

オープン後は経営相談員がつきます。経営相談員は経営指導や新規商品の案内、店内の体制作りまで、店舗経営の手伝いをしてくれる本部社員です。

自身で起業しようと思ったら経営コンサルタントに依頼することになるでしょう。

つまりフランチャイズ本部は経営を軌道に乗せるためのサポートをしてくれる協力者ということになります。

例えるならば、プールや海中での浮き輪です。

浮き輪があれば溺れることはありません。起業という溺れてしまいそうな不安定な状況の中で、浮いていることのできるありがたいアイテムです。

あくまでも溺れないための道具ですので、泳ぎ方は自らが学んでいかなければなりませんが。

通常の起業であってもコンサルタントの手を借りるという方法もあるでしょうし、先人に教えてもらうという手法もあるでしょう。しかし、店舗の建築、店内のレイアウト、商品の仕入れ先、品質管理、接客方法、清掃用具など、店舗経営に関わる多くのことを1人のコンサルタントから教えてもらうことは難しいのではないでしょうか。

フランチャイズはそういったもののほとんどを本部が用意してくれます。自分で探し出し、一つひとつの業者とやりとりをしていく必要はありません。そう言った意味で、協力者ができる時間が短縮できるビジネスということができるでしょう。

第2章

フランチャイズで起業しようと思った時に不安に思うこと

フランチャイズでもそうでなくても苦労はつきもの

「そのフランチャイズおすすめできますか？」コンビニのオーナーだけでなく様々な業種のフランチャイズ加盟店オーナーに聞きました。

それに対する回答で「おすすめできない」「あまりおすすめできない」というものが半数ほどでした。

その理由を聞いてみると、

「最低賃金が上がっているので人件費が上がっているから」

「ガス代・電気代が上がっているので、同じ価格設定では儲けが少なくなったから」

「人手不足だから」

というもの。

なるほど確かにその通り。

でも、これって本当にそのフランチャイズをおすすめできない原因でしょうか。

最低賃金もガス・電気代も人手不足もどんな業種・業態であっても、フランチャイズだろうとそうじゃなかろうと、同じく日本全体が抱えている問題です。

もちろん、それがビジネスに影響を与えていることに間違いはないのですが、そのフランチャイズ本部をおすすめできない理由とは少し違うように思います。

そのフランチャイズ本部のやり方うんぬんの話ではないからです。

知り合いの製造業では工場にロボットを導入しました。

その社長と話をしていて「人件費が上がっているから、ロボットを入れて、人件費の削減をしているのですか？」と聞くと「いや、そうじゃないんだよ。ロボット入れたのはそもそも人が足りなくて。ロボット入れて初めてそれまで人がやっていたものを作ることができてるんだ」との回答でした。

人手不足の問題はフランチャイズビジネスに限ったことではありません。

人口減少は進み、人手不足になることが予想できます。

この社長のようにそれに向けた対策が必要です。

私の加盟するコンビニチェーンでは人材確保のためのアルバイト募集を無料でできる本部からの支援があります。

少ない人で店舗を回せるように省人化の取り組みもしています。

無人店舗のテストも行っているし、セルフレジの導入も進んでいます。

人件費・燃料費の高騰、人口減少といったこれからの社会問題に対する取り組みを行っているかどうかも加盟する本部を選ぶ際のポイントとなるのではないでしょうか。

加盟料は高いという不安↓50万円から始められるフランチャイズもある

フランチャイズと言っても様々な業種・業態があります。コンビニ、ハウスクリーニング、学習塾、配食サービス、クリーニング、コインランドリー、障子の張り替え、マッサージ、リサイクル、飲食店、美容サロン、パーソナルジム、中古車、デイサービスなど、多種多様です。

あまりに様々な形態がありすぎて、フランチャイズの初期費用の平均金額を計算することすら意味をなさないくらいです。

ただ、フランチャイズ加盟店の募集サイトを確認すると、「最低自己資金の目安20万円」と書かれているものもありますので、それほど高額な出店費用のものばかりではなさそうです。

ただし、この金額で出店できると鵜呑みにしてはいけません。

サイトの注意書きにもありますが、「最低自己資金」は「最低持っていてもらいたい金額」であり「独立開業するために自分で用意する資金の目安額」です。

「この金額が出店費用の全て」ではないということです。

例えば、私が所属するコンビニチェーンの場合、加盟金は260万円です。

その内訳は、研修費55万円、開業準備手数料55万円、開業時出資金150万円となっています。

もちろんこれだけでは済みません。

開業してすぐに売上・利益が出るわけではありませんので、当面の生活費も必要です。加盟金とあわせても400~500万円は必要です。

さらに加盟金以外に商品の品揃えをする費用が発生します。

加盟したとしても、商品がなければ、売るものがないので、商品を仕入れなければなりません。

この商品の仕入れ代金は初期費用に入っていません。その仕入れ費用を本部が立て替えをし開店後の利益から月々返済していく仕組みになっているからです。

ちなみに、私の店舗では店内商品約3000アイテム、売価にして約800万円〜1000万円の商品を持っています。

私見ですが、立て替えをする理由は2つあると思います。

1つは、最初からその金額を加盟店オーナー自身が負担すると出店費用が莫大（加盟金260万円＋商品約800万円分＝約1060万円）になってしまうことです。

初期費用が260万円ではなく、1060万円になれば、加盟することへの心理的なハードルが上がってしまうので、加盟希望者が少なくなってしまいます。

それを防ぐ目的で立て替えをするのではないかと考えられます。

もう1つの理由は、金額が高くなれば自身の手持ち資金では間に合わず、銀行から

借入をする方が増えてくることではないかと考えられます。

全ての方が融資を受けられれば問題はないのですが、中には銀行の融資を受けられない方もでてくるでしょう。

出店計画が順調に進んでいるのにも関わらず、加盟店オーナーが融資を受けられないことで出店がストップしてしまったら元も子もありません。

そういった不確実性を埋めるために仕入れ額を本部が立て替えをしているのだと考えられます。

前述した通り、立て替えてもらった仕入れ代金は、毎月の利益の中から少しずつ返済していきます。

私が所属するコンビニチェーンではこのような仕組みになっています。

フランチャイズ募集サイトを見ると「出店費用は○○円です。でも他にも費用がかかります」と書かれている場合が多いです。

記載されている金額以外に実際は何にどれくらいの金額が必要なのか、サイトで分からないようであれば、電話で問い合わせたり、資料を取り寄せたり、フランチャイズ加盟説明会、フランチャイズショー（「フランチャイズ・ショー」は飲食業・小売業・サービス業のフランチャイズ本部（FC本部）による加盟店募集をはじめ、自社製品・サービスの販売店・代理店、特約店、など関連事業が出展するものです）に参加するなどの方法で、しっかりと確認をする必要があります。

総じてハウスクリーニングやビルメンテナンスなどの無店舗型のフランチャイズは、出店費用は比較的に少なくて済みます。

それに対して店舗型は出店費用が高くなります。

コンビニは在庫を持たなければいけませんし、飲食店などは繁華街などの賃料の高い立地でないと集客ができません。

フィットネスジムは機器が高額です。

そんな店舗型の中で出店費用が抑えられる業態といえば、買取専門店やパーソナルジムのような少スペースで営業できるものでしょう。

また、流行り廃りのある事業もありますが、あまりおすすめできません。「今流行ってる」ものは多くの人が参入してきてしまうので、競合過多になりやすいです。

それにその流行がいつまで続くのかも分かりません。

スタートの段階で撤退時期まで決めて、それでも投資回収ができると判断できるのであれば問題ないでしょう。ただ、私は手を出すかと言ったら少し不確実性が高いと思うので、手を出すことはありません。

なるべく出店費用は抑えたい。

そこは重要なポイントです。リスクは少ないに越したことはありません。

しかしどんなビジネスを選択するにせよ、そのビジネスを通じて自分はどうなりたいのかを明確にしておくことを優先させるべきです。

事業を拡大して収入を上げていきたいのか、人に雇われずに自分のペースでそれなりの収入を得られればいいのか、人によって違いがあるでしょう。

加盟金ロイヤリティなどの、金額だけで選択するのではなく、自分のライフプランを考慮した選択をすることが、間違いのないフランチャイズビジネスを選択することに繋がると思います。

従業員を雇わなければいけない不安↓
1人でやることができるフランチャイズもある

従業員を雇用するビジネスもあれば、ひとり社長でやっていくことができるビジネスもあります。

パート・アルバイトを雇用しなければ回らないコンビニだと1店舗当たり約20名の従業員を必要とします。

早朝、午前中、午後、夕方、深夜に数名ずつ。

それぞれの時間帯に2名ずつ配置したとしても、一日当たり10名です。週に2〜3回しか勤務しない従業員もいますので、目安として20名は欲しいところです。

雇用すると従業員と労働契約を結び教育をしますが、実は教える内容・教え方は店によって違っています。

「え？　マニュアル通りで、教育の仕方も同じなんじゃないの？」と思ったかもしれません。しかし、実際のところは違うのです。

基本的には本部のマニュアルに則って教育をします。

しかし、そのマニュアルの使い方は店主たるオーナーに一任されています。

なので同じ名前のコンビニチェーンであっても、店舗によって接客などに差が出て来てしまうわけです。

弊社には現在約150名の従業員がおります。

高校生、大学生、社会人、シニア世代、外国人までそれこそ老若男女、多種多様な方が在籍しています。

新人従業員の初期教育は7店舗になった今でも私自身が行っています。

毎年100名ほどです。

年齢層も理解力も性別も違う従業員全てに会社の方針を理解してもらわなければなりません。

「教えなくても分かるでしょ?」は通用しません。

「出勤したら『おはようございます』、帰る時は『お先に失礼します』って言うんですよ」という当たり前のことから教えます。

タイミングが良ければ2~3人まとめて教育することもできますが、基本的に私と新人従業員1対1でやることが多いです。

全く同じ内容を午前と午後に別々の従業員にやることもあります。

従業員の働くことができる時間にあわせて教育を行うと、そういうことも起こり得るのです。

人を雇用するとこのように教育をする手間が必ずかかります。

コンビニにせよ、飲食店にせよ、競合との商品の品質の差が少なくなってきた時代です。**商品で差をつけられなかたらどこで差をつけるのか。**

それは「人」でつけるしかない。

人を雇用する形態のビジネスを選択するのであれば「教育」に力を入れないと勝ち残ることはできません。

たとえ本部のバックアップがあるフランチャイズであってもです。

オーナーの仕事は「人作り」だと言っても過言ではありません。


そういった煩わしい問題を抱えるくらいなら、自分1人で、または夫婦2人で自由気ままにやれる業態を選ぶと良いでしょう。

清掃ビジネスや障子の張り替えビジネスで雇われない自由を楽しまれている方のお話を聞くと「そういう働き方もアリだな」と感じます。


ビルメンテナンスなどの清掃ビジネスは利益率は高いし、在庫も必要としません。

月間の契約が取れれば定額収入が見込めますし、道具を揃えさえすれば開業できるので初期投資も少なく済みます。

ひとり社長としてやっていく業態としてはとても魅力的です。

しかし、もし体調を崩すなどして一定期間戦線を離脱しなければならなくなったとしたらどうでしょう。

コインランドリーなどの手間のかからないビジネスであれば、収入に変化はないのかもしれませんが、そうでもない限りひとり社長でやっていく場合は休業期間の収入はゼロになります。

最悪の場合、そのままそのビジネスから撤退しなければならなくなるかもしれません。

1人でやる場合は雇用しない身軽さ・気軽さがある反面、万が一の時の収入に影響が出やすいという側面があります。

従業員を雇用するビジネスの場合、手間はかかりますが、教育をすれば自分自身が一線に立たなくてもやっていくことができるでしょう。

それぞれメリット・デメリットがありますので、その点を考慮に入れて選択するといいでしょう。

店舗を持たなくてはいけない不安↓無店舗でできるフランチャイズもある

店舗を持つと自分の土地・建物でない限り地代家賃が発生します。
地代家賃は固定費として大きなウェイトを占めます。
月々20万円の物件ならば年間240万円のコストです。
けっこうバカになりません。
それに、売り上げがある月ばかりではありません。
儲からなかった月であっても支払い続けなければならないのです。

建物を建築したり、内装を改装したりしたら、さらに建築費がかかります。
1章でも述べた通り、コンビニの場合は、自前店舗型契約で建築すると5000万円以上かかりますので、その建築費用の返済もかかります。

店舗を持つと地代家賃と建築費が固定費としてかかってくるのです。

なるべくならば、コストは少なくしたいものです。

持たなくて成立するならば、持たないほうが良いものが「店舗」です。

話はズレますが、店舗と同じようにリスクになりやすいものがあります。

「在庫」です。

コンビニの商品在庫は売価で1000万円程度。在庫が1000万円ということは

それを仕入れなければならないということです。

仕入れるにはお金がかかります。

商品の在庫を大量に抱えなければいけないビジネスは在庫リスクがかかります。

できるだけ在庫も少ないほうが身軽です。

「無店舗」でかつ「在庫を持たない」ビジネスは低リスクで経営することができます。

高齢者向けの宅配・御用聞き、清掃業、障子張り替え、ビルメンテナンスなど意外と多いです。

その業態の共通点は軽トラ1台あれば成立するところです。

軽トラであれば自宅の駐車場に停めておけばいい。

また、自分ひとりや夫婦で行うなど少人数で運営することができるところです。

フランチャイズでも無店舗でできる業態もありますので、低リスクでの起業を考えた場合の選択肢に入れるといいでしょう。

未経験であることに対する不安↓本部のサポートが受けられるのがフランチャイズ

フランチャイズビジネスでは、本部と加盟店の役割分担がされています。

加盟店は販売に専念し、本部はそれをバックアップするという役割分担です。


私が経営している店舗の場合、店舗の建築から販売設備の貸与、広告宣伝、商品開発、物流システムなど多くのバックアップをしてもらうことができています。

そのバックアップの中に「経営相談サービス」があります。

これは店舗経営をしたことがない方であってもサポートを受けながら進めることができる支援です。


店舗やシステムというものは、その店舗が建つ初期段階で導入されますが、経営相

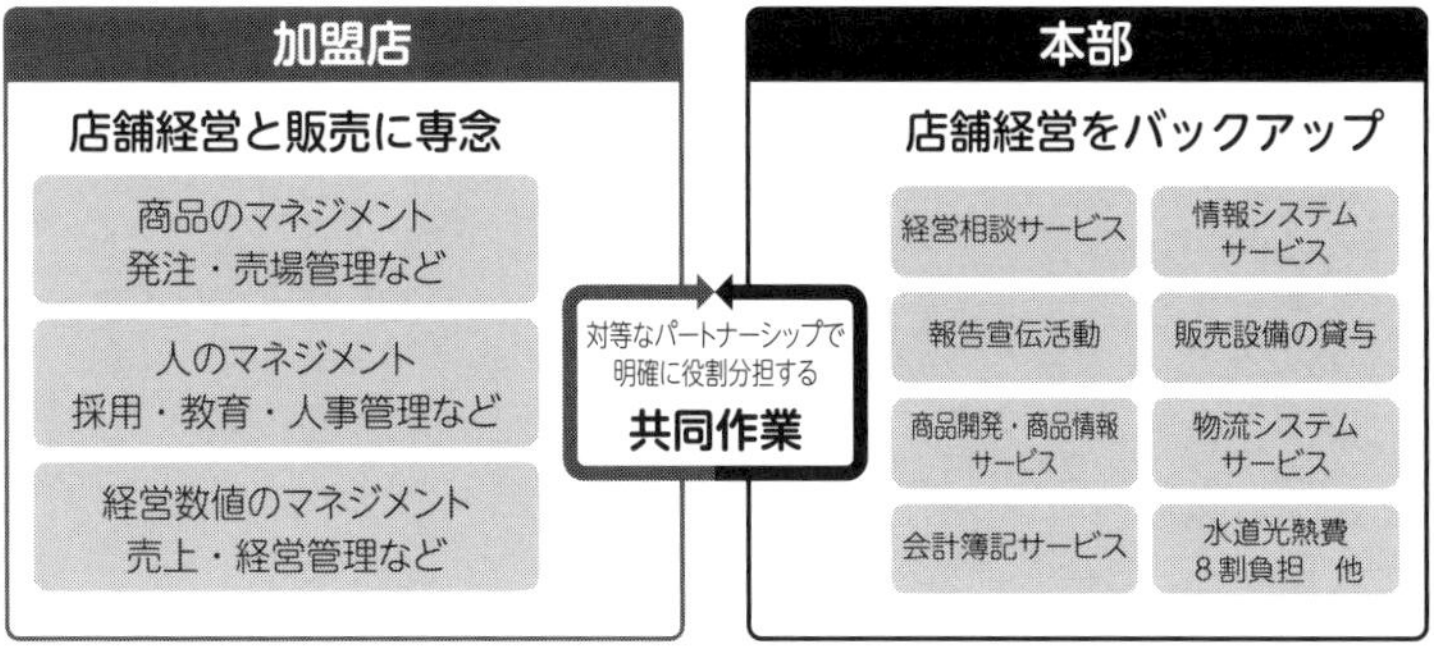

談は建物が建ってから始まります。

開店させるところにだけ注力するフランチャイズ本部もあるようですが、オープンしてからも安心して経営できるバックアップがあるかどうかが、フランチャイズを選ぶ際のポイントです。

コンビニエンスストアの場合、チェーンによって違いはありますが、週1回とか月6~8回、本部の経営指導員が訪店します。

私の加盟するチェーンではアドバイザーが週に2回程度訪店し、経営に関するアドバイスをしてくれます。

担当の経営指導員と二人三脚で店舗運営をしていくことができるので、未経験であっても安心して経営をしていくことができます。

その指導内容は店舗運営全般で、

・入口でお客様に「いらっしゃいませ」と言う頻度を上げる
・トイレ清掃の徹底
・店頭の雑草を抜く
・売れ筋商品の発注の仕方
・次のセールへの備え

など多岐にわたります。

自分が売場に立つなどして、現場に近くなればなるほど働く側の都合を優先させて物事を考えてしまいがちです。

・他の作業をしている間に「いらっしゃいませ」となかなか言うことができない
・多忙で、トイレ清掃ができない
・廃棄のリスクが高いと判断したため、売れ筋商品の発注を増やせなかったといったできない言い訳から入ってしまうのですが、お店の都合はお客様の不都合です。

こういった改善すべき点を客観的立場から指摘してくれる経営相談員という存在はとても助かります。

加盟店オーナーによってはその「ありがたい指摘」を煙たがる方もいるようですが、そのバックアップは長期的に経営していく上で欠かすことができないもので、それゆえ経験がない方であっても経営していくことができます。

私の加盟するチェーンではこのようになっていますがフランチャイズビジネスによってサポートの内容は大きく違うようです。

開店までは本部社員がマメに訪店していても、一旦オープンしてしまうとほとんど来なくなってしまうフランチャイズもあるようです。

業種・業態によっては経営相談をさほど必要としないこともあるでしょうが、いずれにせよ加盟しようと思う本部のバックアップ内容が「開店前」のほうに重きを置いているのか「開店後」のサポートに力を入れているのか、に分けて考えるといいでしょう。

どちらにウェイトがあるのかを判断材料にしてください。

どれが自分に合ったフランチャイズか分からないという不安↓フランチャイズ選びにはポイントがある

『FCチェーン 収支モデル比較ハンドブック改訂版』（フランチャイズ研究会）には、大手フランチャイズチェーンの発表している収支モデル12業種分が掲載されています。

本部を選ぶ際の参考になります。フランチャイズ研究会のホームページから取り寄せることができますので、ぜひ取り寄せてください。

しかし、注意しなければいけないことがあります。それは、掲載されている収支モデルは各社が発表している「サンプル」であるという点です。

各社のチェーンの平均を取っているものでもなければ、実際にある店舗の実例というものでもありません。

実際の店舗での経営実態と大きくかけ離れていないとしても、ある程度見栄えが良く脚色を加えている「サンプル」ということを忘れてはいけないのです。

「サンプル」を鵜呑みにして「こっちのほうが儲かるな」と判断するのはとても危険です。

では、フランチャイズ本部をどう選んだら良いのか。

「定量調査」と「定性調査」という言葉をご存知でしょうか。

定量調査は数値に置き換えることができるもの、定性調査は数値に置き換えることが難しいものを調査することです。

数値に置き換えることができるものというと先ほどの『収支モデル比較ハンドブック』などの「サンプル」を参考にすることができます。

数値に置き換えることが難しいものを判断するには、以下がポイントになってくるでしょう。

第一のポイントは、そのフランチャイズ本部は加盟店にどんなもの・どんなことを

提供して加盟金やロイヤリティといったお金を取っているのかという点です。

コンビニ本部が提供している内容は、経営相談、情報システム、広告宣伝、販売設備の貸与、商品開発や商品情報サービス、会計簿記サービスなど「経営のサポート」「設備のサポート」「会計のサポート」など多岐にわたります。

非常に手厚いサポートと言っていいでしょう。

フランチャイズ本部によっては、「運営のサポート」は得意でも「経営のサポート」が苦手なところもあるようです。

例えば、看板やユニフォームなどの店舗イメージや商品メニューの開発、仕入れ代行などはしてくれても、人材の募集採用や人材育成の方法、売上・利益の確保をするためのアドバイスなど経営に関する相談がほとんどなかったり、広告、キャンペーンなどの販促活動は全て加盟店オーナーまかせだったりするケースです。

会社経営は何年も何年も継続していくものです。

設備や商品だけでなく、販促や経営相談にも力を入れてくれる本部のほうが長期的にみて助かります。

当然ですが、本部から手厚いサポートがもらえればもらえるほど、本部に対してのお金がかかるもの（ロイヤリティが高いなど）ですし、逆にサポートしてもらえる部分が少なければ、加盟店自身がやる部分が増えるので、支払う金額も安く済む（ロイヤリティが低いなど）はずです。

本部が提供してくれるサービスとそれにかかるコストのバランスをみて、適正かどうかを判断するべきでしょう。

第二のポイントは1人の経営指導員が抱えている担当店舗数です。

もちろん担当店舗数が少ないことがきめ細かい経営指導に繋がるとは言い切ることはできません。

しかし1人の担当店舗数が100店などと、明らかに業量過多が疑われる場合は危険です。

私の加盟するコンビニチェーンでは経営相談員1人当たりの担当店舗数はおおよそ6～8店です。

第三のポイントは業績です。

その本部がフランチャイズ展開を始めて、短い期間に加盟店舗数を増やしていたら、実は要注意です。

加盟店舗数がまだ数十店くらいの本部の中には加盟金欲しさにフランチャイズ展開をしている場合もあると聞きます。

設立当初は志高く、本部と加盟店両方の幸せを考えていたとしても、年月が経つにつれ経営状況が悪化し、本部が存続するために加盟店を増やそうとする。

そんなフランチャイズ本部の話も聞きます。

私の肌感ですが、合計で100店に届かないような店舗数で、急激な店舗数の増加を計画しているフランチャイズに加盟しようと思ったら、まずは経営者をしっかりと見る必要があります。

もう1つポイントを挙げるとしたら流行り物です。

フランチャイズの中には流行り廃りのある一過性のものもあります。

コンビニやクリーニング屋のようにある程度根付いたマーケットがある業態もあれば、そう遠くない将来人気に陰りが出てくることが予想できる業態もあります。タピオカ、生バナナジュースや台湾カステラなど皆さんも聞いたことがあるかもしれません。

短い期間での勝負となりリスクが高くなるのであまりおすすめしませんが、そういったものを選ぶのであれば、撤退時のプランまで考えてスタートしたほうが良いでしょう。

何年間その事業を行うか、例えば、「儲かっていても儲かっていなくてもある一定の年月が経ったら撤退」のように基準を決めましょう。

投資回収の計画がうまくいけば利益になるかもしれません。


フランチャイズ店舗経営といえども、会社経営は長い年月継続していくものです。

加盟する本部とも長く付き合うことになります。

儲かるかどうかというお金の面も重要ですが、一緒に付き合っていくことのできる信用に足るフランチャイズ本部かがとても重要なポイントです。

第3章

フランチャイズに向いている人／向いていない人

キャリア・思考編

向いている人は、必ず儲かるビジネスは存在しないと知っている人　向いていない人は、加盟すれば儲かると勘違いしている人

フランチャイズ経営は、「本部の持っているノウハウのおいしいトコどりをするので、成功が約束されている」と勘違いをされる方がいらっしゃいます。

私の加盟するコンビニチェーンでは新しくお店を出そうとする候補地に対して、商圏調査を行います。

出店に適した立地だと判断すれば、店舗開発部の部員がそのマネージャーに、マネージャーがその上司のゼネラルマネージャーに承認をもらって、初めて出店の許可が下ります。

厳しいチェックをされた上で初めて出店が認められます。

しかし、本部で承認された立地であっても、いざ出店してみると売り上げが予想通りに伸びない場合もあります。

全て正解を引くことができないのはどんな商売であっても同様です。

たとえどれほど事前の調査で「問題がない」と判断された立地であったとしても、全てが計画通りいかないこともあるのです。

そんな店舗のオーナーとなり、いざオープンして売り上げが低かったとしたら、本部は売り上げの保証をしてくれるのかといったら、答えはNOです。基本的に本部は売り上げを保証することはありません。

よほどの低日販（1日の販売金額のこと）であれば最低保証という制度が適用されるケースもありますが、〝最低〟の〝保証〟ですから、金額的にはたかが知れています。そんなものをあてにしてはいけません。

必ず儲かるビジネスなんて存在しないのです。

「諦めろ」と言っているのではなく、そういう可能性を想定して出店しないと心が折れてしまい粘りが効きません。

人間不信になってしまうかもしれません。

経営者の心が折れてしまっていては上がる売り上げも上がりません。

フランチャイズでの店舗経営は本部の看板や商品、システムを借りて行なうものです。

「器を借りる」と言い換えてもいいかもしれません。

みんなが同じ器を使っているけれど、その使い方はその経営者の手腕によります。

フランチャイズに加盟すれば必ず成功するというものではありません。

その商売を一生の生業としてやっていくくらいの気概で臨まないと、万が一売り上げが低かった時に粘りが効きません。

私は、低日販の店舗でもコツコツと売り上げを積み重ねて高い売り上げになった実例を多く見てきています。売り上げを左右するのは経営者の心持ち1つなのではないでしょうか。

向いている人は、成功するイメージをしっかりと描けている人
向いていない人は、あいまいなイメージのままの人

審査が通ってオーナーとなった方でも「なんとなく」経営している方もいらっしゃいます。

ある時期私の加盟するコンビニチェーンもオーナーを選んでいませんでした。

「1年間の出店計画が1000店!」とか言っていた時期です。

1000店開けるということは数百人から1000人近くのオーナーが必要になるのです。厳正な審査を行なっている様でしたが、実際は加盟希望者がいればしっかりとした審査ができずに、加盟させていたケースもある様です。

全てそうだとは言いませんが、その時期に加盟した一部のオーナーの質は決して高いものではありませんでした。

契約期間は15年。

その大量出店していた頃のオーナー達の契約更新が2023年現在近づいています。

漠然と起業したいと思って加盟したオーナーの成功は難しく、15年の契約満了で辞めていく方もいれば、本部から契約の更新を断られる方もいます。

いずれにしてもここ数年で閉店する店舗が増えてくるかもしれません。

なぜコンビニフランチャイズビジネスを選ぶのか。

成功しているオーナーにアンケートを取りました。

「他に候補に上がったフランチャイズビジネスはありましたか？」

びっくりすることにそのほとんどが「他は一切考えませんでした」と答えました。

自分がそのビジネスを通じて「どんな成功を遂げることができるのか」をはっきりイメージできていた方の成功率は高いことが窺えます。

漠然と起業したいと思っている方は少なくないと思います。
ただ焦らず、自分自身に合ったビジネスを選択しないと契約期間を有意義なものにできない恐れがあります。

ある意味「特殊な起業」だからこそ、その選択はじっくりと行う必要があります。選んで、加盟する。

先ほどのアンケートの続きで「どんな人がコンビニ経営に向いていると思いますか？」の質問に対して、

・強い信念と体力がある人
・人材育成の得意な人。商売が好きな人
・お客様を大切にできる人。管理能力が高く、実行力がある人
・本部を信じて行動し、ノウハウを理解し徹底して守ることができる人

とのお答えをいただいています。

実際の成功者からの言葉です。

自分に合うかどうかしっかりと考えて、コンビニフランチャイズビジネスの門を叩いてください。

キャリア・思考編

向いている人は、マニュアルがあることに安心感を覚える人
向いていない人は、マニュアルに従うのが嫌いな人

フランチャイズといえばマニュアルだらけというイメージがあると思いますが、中にはマニュアルがほとんどないところもあります。

知り合いのコインランドリー経営者はマニュアルどころか本部からの経営相談も全くなく、機器の入れ替えの案内ばかりだと嘆いておられました。

フランチャイズと言っても様々な本部があります。

ただ、そうは言っても、多くのフランチャイズにはマニュアルがあります。

私の加盟するチェーンでは清掃マニュアルから、おでんの仕込み方のマニュアル、発注マニュアルまで多くのマニュアルがあります。

マニュアル通りにやれば誰でもそれなりにこなすことができるので、マニュアルは

とても大切です。

1人で行う事業であればマニュアル通りにやらなくても、仕上がりさえ同じ結果になれば問題がないのかもしれません。

しかし、従業員を抱えて行う事業の場合、同じ作業を行なっても、全員が別々の工程を辿っていたとしたら作業時間や作業結果に大きな差が生まれてしまうことになりかねないし、人から人に教える場合に全員のやり方がバラバラだったら、教えられる側も誰を信じて良いのかが分からなくなります。

ですから、マニュアル通りにやったほうが効率が圧倒的に良いです。

マニュアルに従うのが、嫌いな方がいらっしゃいます。

「マニュアルに書いてある通りにやるより、自分のやり方のほうがうまくいく」という方。それならばそれで、それをマニュアルにしましょう。

自分だけでそのやり方を抱えておくのではなく、それを自分のお店のマニュアルにしてしまえば良いのです。

問題なのは同じ店舗の中でやり方が統一されておらず、仕上がりの時間やクオリティに差ができてしまうことです。

フランチャイズのマニュアルは絶対ではありません。

「こういうやり方がいいと思うよ」と言う本部からの提案です。

だからといって、揚げ物の揚げ時間を長くするとか、盛り付けにオリジナリティを出すといったことはフランチャイズのブランドイメージを変えてしまうのでＮＧですが、仕上がりの結果がしっかりとしていれば、全て本部から提供されたマニュアル通りにやらなければいけないというわけではありません。

それでもマニュアルがあってそれを活用していくことに安心感を覚える方が、うまく経営を行なっている傾向があります。

向いている人は、成功はビジネスにより違うことを知っている人　向いていない人は、スタートする段階で成功の形をイメージできない人

例えばあなたが山登りをするとして、その山が高いのか低いのか、断崖絶壁なのか登山道を歩くだけなのか、1人で登れる山なのかチームを作らなければ登れない山なのか、で持ち物も装備も登山にかかる日数も変わってきます。

しかし、山それぞれに違いはあれど、その山に登りきることができたら成功です。どの山に登るのか、どうなったら成功なのかの達成条件を事前に決めておくことが重要です。

フランチャイズの山の高さは、そのビジネスの難易度ということができるでしょう。高い山のほうが登る人も少ないように、難易度が高い業態は新規に始める人が少ない業態と言えます。

難易度はつまり参入障壁と言い換えることができます。

参入障壁が低い業態は、誰でもできるということです。

誰でもできるものは競争が激しくなりやすいので、勝ち残るのが大変です。たとえスタート段階で経営がうまくいっていたとしても、競合が出ればすぐに真似される恐れがあります。

逆に参入障壁が高い業態は、安定しやすいということになります。

安定しやすいとはいえ、参入障壁が高いということは業務の難易度が高かったり、初期投資が高額であったりします。

コメダ珈琲は初期投資が数千万円と言われていますし、1年間の実務経験がなければ加盟することができません。

新たなビジネスの候補に上がったとしても、初期投資額が高いという点と実務経験を1年間積まなければならない点でコメダ珈琲を選択できる人は少ないでしょう。そういった意味で、参入障壁が高いビジネスと言えます。

また、もう1つ重要なポイントは、そのビジネスが店舗を増やすことができるフランチャイズであるのかどうかということです。

1店舗だけ経営すれば満足だと思って始めたビジネスでも、経営が安定し年月が経つと事業を拡大したくなるかもしれません。

そうした時に複数店経営が認められてないフランチャイズだと店舗を増やしたくても増やすことができません。

フランチャイズでない起業であれば、増やしたくなったら増やすことができます。

しかし、フランチャイズは本部がそもそも認めていないことは、やることができないものなのです。

例えば、ワークマンは1店舗を夫婦で経営するビジネスモデルです。

複数店での経営は認められていません。

セブンイレブンも家族経営が中心ですが、複数店を経営することができます。

このように大企業間でも条件は違います。店舗を拡大できる可能性があるのかどうかも考慮すべきでしょう。

成功の形というのは、人それぞれ、様々です。

人によっては1店舗でじっくりとやることが向いているかもしれないし、人によっては多店舗展開していくバイタリティがあるのかもしれない。

人と関わらずに1人でやっていったほうがうまくいく方もいるでしょう。

資金面でも多額の投資ができる方もいれば、少ししか資金がない方もいます。

人それぞれ属性が違うので、成功の形というのは違って当然です。

いずれにせよ、加盟しようと思っているフランチャイズの参入障壁の高さやそのビジネスでどんな成功の形があるのかを加盟前に調査しましょう。

どの山に登るのか、どうなったら成功なのかを事前に決めておいたほうが良いでしょう。

時間・お金編

向いている人は、加盟することが成功の近道であると知っている人　向いていない人は、本部が何でもやってくれると思っている人

私は現在大手コンビニチェーンの店舗を7店舗経営していて、世間的にはコンビニ業界での成功者という目で見られていますが、ここに至るまでに紆余曲折がありました。

まだ2店舗経営していた頃の話です。

私の両親がコンビニを始め、私は大学卒業後に入社しました。

入社後まもなく2号店がオープンしました。

2号店はたばこの取り扱いのない店舗でした。

実は、たばこはこれだけ喫煙者の減った現在であっても、集客を大きく左右する商材です。

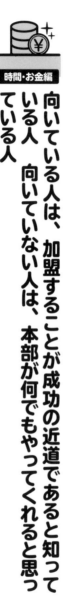

たばこの免許には距離規制があり、近くにたばこの販売所があると、販売許可が下りないのです。

2号店には交差点を挟んだ向かいに、たばこを販売する自動販売機を設置しているたばこ屋があったためにお店にたばこが置けなかったのです。

オープンして8年が経った頃、近くに大型スーパーマーケットが開店しました。

そこは洋品店、雑貨店、靴屋、飲食店などもある複合施設でした。2号店から歩いていける距離だったため売り上げが激減しました。

「魅力あるお店にすればお客様が戻ってくる」そう思って品揃えを充実させても、お客様が来ないことには始まりません。

仕入れた商品は廃棄処分となります。

廃棄を抑えようとすると、バラエティに富んだ品揃えはできません。

定番商品しか注文できなくなり、陳列している商品に変化がなくなります。

最も大きな経費である人件費も削減しなければなりません。

パート・アルバイトを1人で店番させるわけにはいかないので、私が1人でお店を回します。

早朝6〜9時の3時間と午後13〜17時の4時間の合計7時間。

お客様が来ないから1人でも十分回せます。

いつか来るお客様のことを思い、売り場はホコリひとつなく、にこやかな接客は欠かしません。

他の時間帯も極力人数を少なくし、私が常にバックルームで待機していました。


正直ジリ貧でしたが、それに耐えることができたのには理由がありました。

「Taspo」（成人識別ICカード）が普及し始めたのです。

「Taspoがないと自販機でたばこが買えなくなるので、「Taspoを作るのが面倒だからコンビニで買おう」という方は増えるだろうし、販売者はTaspoが使える新しい機械に買い換えなければなりません。

たばこだけを販売している向かいの自販機はそのうちなくなるだろうと判断したからです。

少しして予想通り自販機がなくなりました。

その結果、たばこの免許を無事取得できたのです。

売り上げも順調に上がっていきました。

最も売り上げが悪かった時の3倍の売り上げにすることができたのです。

どんな商売でも苦しい時期はあります。

そんな2号店は今ではうちのグループの稼ぎ頭となっています。


フランチャイズは本部が用意してくれるものを活用してスタートができる手軽なビジネスに思われがちです。

確かに、成功の近道であることに間違いはないのですが、全て本部がカバーすることはできません。

フランチャイズであっても会社経営に変わりはありません。

そんな覚悟を持って臨んでいただける方だと成功する確率が高いのではないでしょうか。

時間・お金編

向いている人は、キャリアをスライドさせられる人
向いていない人は、全く畑違いのビジネスでやろうとする人

これまで培ってきたビジネススキルを活かせる形での起業をしたほうが、成功するスピードが早いというのは想像できるかと思います。

フランチャイズ起業は業態や業種を〝選ぶ〟起業の形であるとはいえ、それまでの経験・知識を活用せずに臨むのはもったいない。

例えば、フランチャイズの成功の1つに多店舗展開があります。

同じパッケージを複数の店舗に当てはめていくことのできるフランチャイズは、多店舗展開してこそ、その力を発揮します。

もし、あなたがその成功を考えて起業するのであれば、スピードは早ければ早いに越したことはありません。

畑違いの仕事でトライ&エラーを繰り返して、軌道に乗せるスピードと、もともと持っている経験・スキルが活かせる業種・業態で、軌道に乗せることのできるスピードは、当然後者のほうが速いです。

私のフランチャイズ仲間のTオーナーは「コンビニの店長が憧れの職業です。すぐに長瀬さんに追いつきます」と言って、開業2年で2号店の出店を果たしました。

もともと彼はコンビニアルバイトで経験を積んでいたのです。

つまりコンビニを「得意」とする人。

アルバイトというキャリアをスライドさせて経営者になったのです。

最短ルートを歩んでいると言えるのではないでしょうか。

長野で「唐揚げ屋」を経営している知り合いが、「たこ焼き屋」の経営を始めました。

どちらも別々のフランチャイズの加盟店として経営しています。

やっていることが違うように感じますが、唐揚げ屋もたこ焼き屋も、両方とも飲食店ですから、持っているノウハウをスライドして活用できているということです。現在ではどちらのチェーンでも複数店を経営されています。

「新しい業種にチャレンジしたい！」という方を否定するつもりは、全くありません。情熱があれば、新しい場所でも必ず成功への道は用意されているでしょう。むしろ、今まで経験したことのない世界だからこそ、前向きに取り組む力が発揮できるのかもしれません。

しかし、自分のキャリアをスライドさせることができる業態や業界を選ぶことができるならば、成長スピードは倍速です！

新しいチャレンジを考えていたとしてもまずは成功事例を作るためにも、自分が経験してきた業態や業種でフランチャイズ起業をすることをおすすめします。

時間・お金編

向いている人は、事業にかかるお金を借りることを「借り入れ」と言う人　向いていない人は、事業にかかるお金を借りることを「借金」と言う人

フランチャイズに限ったことではありませんが、事業を立ち上げようと思ったら、手持ち資金だけで起業できることもあれば、金融機関からお金を借りなければいけない場合もあるでしょう。

ビジネス書を読むあなたはきっと様々なジャンルの本もお読みでしょうから『金持ち父さん 貧乏父さん』（ロバート・キヨサキ著　筑摩書房）も既に読まれているかもしれません。

その中で、

・住居のための不動産＝負債
・投資のための不動産＝資産

と述べられているように、家は月々のローンの返済などがあるだけで、そこからはお金は生まれません。

しかしビジネスで使う店舗からはお金が生まれます。

お金を運んでくれる店は資産です。

ところで、参入障壁が高いビジネスほど安定した経営を行うことができることは、前述した通りです。

金融機関から多額のお金を借りて行うフランチャイズはそういった意味では参入障壁が高いのではないでしょうか？

他の人が参入しにくいというメリットは大きいといえます。

しかし、多くのビジネスパーソンは「家」以上の買い物をしたことがありません。

家のローンも残っているのに、家より高い建築費を払って事業を行うことに、躊躇してしまいます。

1章でも触れたように私が加盟するコンビニチェーンには自前店舗型契約と本部店

舗型契約という契約形態があります。自前店舗型契約の出店は5000万円以上、本部店舗型契約の出店は400万円程度です。

初期投資に大きな差があるように、オーナーの手元に残るお金も大きく違ってきます。

もちろん自前店舗型契約のほうが儲かります。

例えば、同じ日販60万円の売り上げで経費も同様に使った場合、自前店舗型契約と本部店舗型契約の月々の利益の差額は80万円以上です。自前店舗型契約はそこから賃料や建築代の返済がかかりますが、それでも30万円ほど多く残ります。

もちろん、家賃の高い都市部ではこうはいきませんが、むしろ「都市部」と言われるところより「地方」と言われる地域のほうが、圧倒的に多いことを考えると、この数値は多くの場所で当てはめることができるでしょう。

自前店舗型契約では、建築費の支払いや地代家賃がかかってくるものの、地方で出店するなら自前店舗型契約のほうが儲かります。

自前店舗型契約と本部店舗型契約で仕事の内容も契約期間も同じです。

それなのに、なぜ多くの人が本部店舗型契約で出店しようとするのでしょうか（２０２１年自前店舗契約４４２０店、本部店舗契約１万６３５８店）？

それは「借金をするのがこわい！」からです。

借り入れをすることと借金をすることが同義になってしまっているのです。

もちろん私は、他店舗のオーナーから「複数店経営をしたいのだけれどプランをどう組み立てたら良いのか」と相談を受ければ、必ず「自前店舗型契約でやりましょう！」とアドバイスをします。

相談に来る方は1店舗目の経営を成功させ、この商売を続けていく覚悟があるから2店目にチャレンジしようという方です。

15年の契約満了で撤退するという考えは持っていない方が大半です。

ならば、確実に儲かる自前店舗型契約をすすめるのが当たり前です。

「お金をかければ失敗しないのか」というとそう言い切ることはできません。

しかし持ち家の「借金」と事業にかかる費用の「借り入れ」は同じではありません。

どちらもお金を借りることに違いはありませんが、そこから収入が生まれるのかという大きな差があります。


借り入れと考えて、フランチャイズ起業を検討してみるといいでしょう。

時間・お金編

向いている人は、経営のメリットは多店舗展開で生きてくることを知っている人　向いていない人は、多店舗展開のメリットを知らない人

フランチャイズ経営の実態は、これまでお伝えしたように何でもかんでも本部がやってくれると思うと大間違いで、独立した1つの事業主として経営していくものであることはご理解いただけたと思います。

とはいえ、本部の持っているパッケージは再現性が高いので、複数の店舗展開がしやすいビジネスであることに違いありません。

本部が複数店経営を認めていれば、全て自分でやる必要はなく、立ち上げの多くの部分を本部がやってくれます（もちろんお金はかかりますが）。

店舗を拡大していくことはフランチャイズビジネスの得意とするところです。

また1店舗目で培った自らの経営ノウハウを、2店舗目、3店舗目に当てはめてい

くことがしやすいので、複数店舗展開に向いています。

複数の店舗経営がしやすいビジネスということは、売り上げを上げやすいビジネスであるということです。

私の加盟するコンビニチェーンでは複数店経営をすると2号店以降のロイヤリティが下がります。

これを「複数店インセンティブ」と言います。

私の加盟するコンビニチェーンでは店舗数が何店に増えようとも、2号店以降の複数店インセンティブの率は変わりません（1号店を5％とすると2号店以降は3％）が、店舗が増えるごとに複数店インセンティブの率が変化するコンビニチェーンもあります（4店舗出店した場合の2号店4％、3号店3％、4号店2％など）。

店舗が増えるごとに儲かる仕組みです。

複数店経営を推奨しているフランチャイズは多店舗展開した時にこういったインセンティブがついてくる場合がありますので、事前に調査しておくと良いでしょう。

多店舗展開しやすく、経営もしやすいフランチャイズは多店舗展開してこそ、旨味が増すビジネスと言えるでしょう。

人間関係編

向いている人は、契約書をあまり見返さない人
向いていない人は、契約書を隅々まで確認しないと不安になる人

最初に誤解のないように説明しますが、「契約書を見ないで契約しろ！」なんていう乱暴な話ではありません。

興味のあるフランチャイズを見つけたら資料を取り寄せる。

本部社員と会う。

実際の加盟店オーナーに会うなどして、自身が納得した上で契約するべきです。

そして、契約するまでは徹底的に調査をし、どうしてそんなに儲かるのか、出店費用にこれだけお金が必要なのはなぜなのか、など色々な質問をフランチャイズ本部にぶつけたりするべきです。

納得した回答が得られ、信用に値する相手なのかの判断ができるまでは決断をして

はいけません。

そこまでしないと失敗しますし、後悔することになります。

では、何を言いたいのかというと「見ない」ではなく「見返さない」ということです。

もちろん契約内容を把握し納得した上で加盟しますが、やはりやってみたらうまく行かなかいこともあります。

お客様が来ない、売り上げが思うように上がらない、なんてことは開業したばかりであれば当たり前のことです。

大手コンビニチェーンだってそうです。

私の加盟するコンビニチェーンではオープンセールが3日間あります。

おにぎりやお弁当、サンドイッチなどが通常価格の何割引かで買うことができます。

新しくできた店舗だから、お客様でごった返します。

しかしそれもつかの間。オープンセールが終わった4日目以降、閑古鳥が鳴く、なんてことも珍しい話ではありません。

そういう時は誰だって不安になると思います。

「本当にこの立地で出店して良かったのだろうか」などというように。

大手コンビニチェーンであってもこうなってしまうのです。

大手の看板があったとしても、最初からたくさんのお客様が来るわけではないということです。

もちろん、認知が広がって徐々に売り上げは上がっていくものですが、最初はみんなそんなものです。

出店すると色々な問題に直面します。

〝出店したけれど思うように売り上げが上がらない〟

〝従業員がなかなか集まらない〟

など、出店前に説明されていたリスクであっても、実際にそうなった時に不安になるものです。

だからといって、契約書を引っ張り出して「こんなの聞いてない」とクレームを入れるのは時間の無駄です。


例えば、従業員教育。

教育は時間がかかります。

他にもやらなければいけない仕事がたっぷりとあるため、手が回らないものです。

ただ前述したように、本部と加盟店は役割分担されていて、雇用した従業員の教育については加盟店オーナーの仕事です。

しかし、それでも「教育も本部がやるべき」と本部社員にクレームを入れる加盟店もあります。

気持ちは分からなくもないですが、一度納得して契約書にサインしたのです。

本部に連絡をするのなら、

「思うように売り上げが上がらないのですが、何か良い方法はありませんか」

「従業員を集める良いアイデアを教えてもらえませんか」

といったように、〝クレーム〟ではなく〝アドバイス〟を求めるようにしましょう。

本部社員だって人間です。

本来加盟店側で解決するべき問題であっても、加盟店オーナーがそこを理解して助言を求めているのであれば、快くその問題を一緒に考えてくれるはずです。

本部と加盟店は一蓮託生です。

加盟店が抱えている問題を解決することで「加盟してよかった」と思ってもらえるようになり、オーナーの満足度向上に繋がるし、満足度が上がることが積極的な店舗経営に繋がるので、本部にとってもプラスになるでしょう。

契約したら、本部と力をあわせて事業に邁進しましょう。

人間関係編

向いている人は、本部に選ばれる人
向いていない人は、本部を選ぶ人

「定数」と「変数」という言葉があります。

定数とは、

「値が変化しないもの。定まっているもの」

変数とは、

「値が変化するもの。定まっていないもの」

です。

定数は言葉の通り変わらない、変えられない部分ですからいくら努力しても大きく変化することはありません。

言葉を置き換えると「自分の力ではどうしようもない部分」です。

一方、変数は変えられる数値ですから大きく変化させることができます。

つまり「自分の頑張り次第で変化させることができる領域」です。

フランチャイズビジネスの「定数」には何があるでしょうか？

立地は変えることができませんし、近くに住むお客様も変えることができません。

気温や天候も思い通りにはならないし、本部のやり方も変えることができないことでしょう。

では、「変数」というと？

「接客のクオリティを上げる」ことで住民の数は変わらなくても、評判が良くなりお客様が来店する頻度を増やすことができるかもしれないし、気温や天候にあわせて「品揃えを工夫する」ことで、売り上げを上げることができるかもしれません。

「本部の政策に則って経営をする」ことでさらにプラスの売り上げを作ることができるかもしれません。

なぜこういったことを説明するかというと、世の中には定数を変えようと時間を使っている人が非常に多いからです。

「立地が悪いからどうにかしてほしい」
「売れ行きの良い新規商品が出ないから困っている」
「同じセールをやり続けているので、お客様に飽きられている」

これらはよく私が聞く不満ですが、そこで嘆いても、変わるものではありません。
定数的な性質に不満を持っても、変えようとしても時間の無駄です。
変わらないのですから。

変えることが難しい定数を変えようとするのではなく、与えられたものの中で成果に結びつくだろう「変数」に注力することが大切です。

どこに自分の時間と労力を注ぐのか、見極めこそ重要です。
フランチャイズビジネスは本部が用意したパッケージに基づいて経営を行います。

「定数」部分が通常の起業に比べると大きいと言っていいでしょう。

あなたが本部だとしたら、その動かしようのない「定数」ばかりをいじろうと思っている加盟店オーナーをどう感じるでしょう。

「多くの方が成功しているビジネスモデルを提供しているのだけれど…」

「行動・実行はどのくらいしたのだろうか…」

と感じるのではないでしょうか？

「変数」を前向きな経営で変えていける加盟店オーナーは、本部にとっても、ありがたい存在です。

与えられた武器をどう使うのかに創意工夫をし、実績を上げ続けることができるオーナーです。

そんな加盟店オーナーは、本部からの信頼も厚くなります。

本部からしても、良い店舗経営のノウハウを得ることができるし、お店の売り上げが上がれば加盟店だけでなく、本部も潤います。

人間関係編

向いている人は、歳下の経営相談員を「さん付け」で呼ぶ人
向いていない人は、歳下だからといって呼び捨てにする人

あなたは30代ですか？　40代ですか？

様々な年齢の方がいると思いますが、ビジネスパーソンとしてのキャリアをそれなりに積み重ねてきた方なのではないでしょうか。

私の肌感では、30代～40代の方が、フランチャイズオーナーになることが多いです。

自ら独立して起業しようという方は、それなりに貯蓄があったり、ノウハウをある程度身に付けている方だと推測できます。そうでないとなかなか店舗の加盟店オーナーをしようとは思わないのではないでしょうか？

起業をすると一国一城の主、社長です。

自分自身の頑張りが自分のお給料になるわけです。

高い売り上げであれば高い収入に、低い売り上げしか作れなければ低い収入になります。

全て自分の働き次第です。

それに対して、本部の社員はビジネスパーソンです。

加盟店の売り上げが原資になっているとはいうものの、加盟店から給料をもらっているわけではありません。

本部から給料をもらっているので、担当店舗の売り上げが高かろうと、低かろうと、自分の生活は保障されています。

働く時間も決まっているので午後6時になると退社します。

有給休暇もあれば、長期休暇もあります。

私が加盟するコンビニチェーンの場合、本部社員は入社すると研修を受けその後直営店に配属されます。

新卒であれば3～4年、中途入社であれば2年くらいの実務経験を積み、その後経営相談員となります。

新卒の場合22歳で入社、4年の実務を経たとすると26歳です。指導員になると6〜8店を自分の担当店舗として、週に1〜2回その担当店舗を訪れて経営に関するアドバイスをすることになります。

つまり社会経験4年ほどしかない年下の本部社員から30代〜40代の経験豊富な方が指導されるというわけです。

「ノウハウがあるのかな?」

と思ってしまう気持ちも分からなくもないですが、彼らの言葉を無下にしてはいけません。

指導員がたとえ歳が若かったとしても「本部の代弁者」であることに違いはありません。歳は関係ないのです。しっかりとシミュレーションをして「売り上げが上がるだろう施策」を提案してくれるのです。

ですから、その指導員がいくら自分より若かったとしても「稼ぐためのノウハウを持ってきてくれる人」と考えて素直にアドバイスを聞き入れましょう。

そして呼び名も「さん付け」で呼ぶことを心がけましょう。

私は今まで本部社員と話をする時に、呼び捨てにすることも、タメ口で話すこともありませんでした。

どんな年下の方であっても彼ら・彼女らから発せられる言葉は本部からの言葉です。

そして、そういった方針を丁寧に説明してくれるのです。

敬意を持って接する姿勢が必要です。

人間関係編

向いている人は、面倒見の良い学校の先生のような人
向いていない人は、縦割りの指示で従業員をコントロールしようとする人

オフィスワークの場合、高卒・大卒以上からの採用が多いでしょう。

定年があり、シニア世代はリタイアしていきます。

20代から50代までが主な戦力です。

ただ、コンビニの場合、アルバイトで働く人もいるので、部下が高校生だったりします。

そういった場合は、年齢は15～16歳だったりします。

私は自分で言うのもなんですが、世間的には大オーナーといった扱いをされています。

同じ業界のコンビニオーナーからは一目置かれています。

私と話すのに緊張する方がいるくらいです。

しかし女子高生アルバイトの手にかかるとそんなことは知ったことではありません。めちゃくちゃイジられます。「オーナーの頭の中お花畑～!」…タジタジです。


そうかと思えば、自分の親世代の方が応募してくることもあります。

60代、70代の方々です。

目も悪く耳も聞こえにくい。

1つ1つの動作が遅いことも、レジがなかなか覚えられないこともあります。

しかし、その歳になって未経験の仕事に挑戦しようと応募してくる方々です。

リスペクトしかありません。

人生経験豊富なそんな方達も大切な従業員です。


10代であったり60、70代であったりして、幅広い世代の方が部下になります。

そして、主戦力となってお店を回してもらうことになります。

当然、言葉の選び方にも気遣いが必要です。

伝えたつもりでも伝わらなければ意味がありません。

専門用語や横文字は使わず、誰にでも分かる簡単な言葉に置き換える必要があります。

そして、全ての従業員に伝わる表現を意識しなければいけません。

「顧客とのエンゲージメントを上げるためにDXを駆使してニーズの掘り起こしをしよう！」などと話すと、おそらく理解してもらえません。

年代の高い世代には横文字は難しいでしょうし、顧客のような堅い表現はまだ、社会経験の浅い10代の方々には難しいでしょう。

指示の仕方も同様です。

「オーナーの指示だから…」と意味も分からないのにやってくれる従業員は今はもういないのです。

1つ1つの指示を「なんでやるのか」「どのようにやるのか」「それをやるとどうなるのか」納得してもらえるように説明をします。

例えば、「レジを打つ前にお辞儀をしましょうね」と伝える場合です。

ただ「お辞儀してください」と言ってもしっかりとやってくれる人は少ないです。

そこで説明すると納得してもらえます。

・**「なんでやるのか」**…感謝の気持ちを伝えるのに、分かりやすいアクションだから。

・**「どのようにやるのか」**…1・2・3・4のリズムで1で頭を下げ、2で静止、3・4でゆっくりと頭を上げます。背中は丸まらないように腰から真っ直ぐ体を折ります。

・**「それをやるとどうなるのか」**…お客様から感じが良い店員さんだと思ってもらえます。

「接客業である以上、お客様に感じが良い接客をしたいじゃないですか。だからこのようにお辞儀をしてきましょうね」こう説明すると納得してもらえると思いませんか。

このように、分かってもらえないとやってもらえません。

時々従業員に対して高圧的な態度で指示を流すオーナーに出会うことがあります。

得てしてそういうオーナーの悩みは「お店で一体感が持てない」ことだったりします。

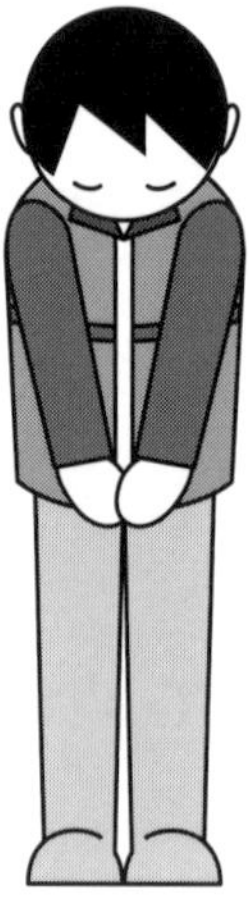

そういう時は、中学・高校の時の人気があった先生を思い出してみてください。たいがい生徒との距離感が近い方ではなかったですか？　一緒に寄り添って考えてくれる方ではなかったですか？

様々な世代の方に働いてもらわなければいけないコンビニのような店舗型ビジネスの場合、縦割りの指示の仕方ではチームとしての一体感を作ることは難しいでしょう。

面倒見の良い先生のように心理的な距離感を近くすることができる方にこそ向いて

います。

アルバイトが私のことを「先生」と間違えて呼ぶことがあります。

私はそう間違われることを嬉しく思っています。

人間関係編

向いている人は、経営者としての学びを欠かさない人
向いていない人は、本部からの情報が唯一の情報源の人

私が加盟するコンビニチェーンは本部からサポートを受けながら経営します。

正直、経営相談員からの情報があるだけで、お店を回すことはできます。

新聞を読まなくても大丈夫です。

世間の流れは本部が捉えて商品開発やシステム開発してくれます。ありがたいことです。

実はそのことによっていくつかの弊害が生じます。

1つは世間と感覚のズレが生じることです。

加盟店オーナーの中には、朝から晩までお店にいる方も少なくありません。

人手不足や人件費の節約など原因は様々でしょうが、朝起きて朝食を食べたら店に行き、夜遅くまで仕事をするといった働き方をする方です。

家と店との往復をするだけのようにうつりますが、意外と心地よいものなんです。家も店も自分の城。

決裁権はあるし、小さな変化はあったとしても、うまくいっていれば安定した日々が続いていくのですから。恥ずかしながら、私自身もそういった生活を送っていた時期がありました。

しかし、家とお店の往復だけになると、世の中の変化に気がつかないこともあります。

例えば労務管理の問題です。

今はネットに情報があふれています。

従業員は不満に思ったことをスマホで簡単に検索することができます。

また、ネット上にそういった労務管理に関する情報はあふれていて、厄介なことに全てが正しい情報ではないし、間違った情報でもありません。

労働法や労務管理などの情報はしっかり勉強しておくべきです。

もちろんそれ以前に、従業員との関係を構築しておくべきではありますが。

また、本部は労務知識の指導が後手に回っていることが多い印象を受けます。

広報活動、新規出店戦略、売り上げ拡大の施策とたくさんの課題を解決する必要があるためでしょう。

そもそも、本来雇用した従業員に関する労務問題というのは、雇用者である加盟店自身が解決しなければいけない問題です。

そのため、本部指導員に尋ねても解決しないこともあります。

ですから、経営者は知識を蓄え、ある程度自ら対応できるように勉強する必要があります。

もう1つ、本部からの情報だけに頼ってしまうと問題が発生します。

本部が店舗のサポートを行う目的は加盟店の売り上げを上げることです。なのでサポートされる内容は売り上げを上げるためのノウハウが中心になることは仕方がないことです。

私が加盟するコンビニチェーンでは経営相談員になるために実務経験を積みますが、労働環境作りや従業員とのコミュニケーションの取り方などは、ドラッガーを学んだ訳でもカーネギーを学んだ訳でもなく、ほとんどの場合その経営相談員の自己流ですし、実務経験があったと言ってもほんの数年です。

経営に関して間違いのないアドバイスができるかと言ったらそうとは言い切れません。

例えば、私の加盟するコンビニチェーンの経営は夫婦で経営することを基本としています。そして、近年複数店経営をされる方が増えてきました。
本部は店舗経営のマニュアルを用意していますが、それはあくまでも1店舗を経営する時の作業マニュアルです。複数店経営のマニュアルというものは存在しません。

これには理由があって、複数店同士の物理的な距離や立地などでも経営の仕方というのは変わってくるからです。
「絶対的な正解」というものを示すことが難しいため、マニュアルを作ることができないという側面があるのではないかと思います。
私も複数店経営に関して質問したことがありますが、適切なアドバイスをいただくことはできませんでした。

本部に不信感を持って経営することはおすすすめしませんが、信用しすぎることもおすすめできません。

ですから、加盟店オーナー自らが経営者としての学びを欠かさない必要があります。

本部は商品開発やシステム開発などを提供するプロです。マニュアルを作ったり事例を多く持っていたとしても、お店を回すのはフランチャイズ本部ではなく加盟店です。

加盟店オーナーは店舗運営のプロとして自ら経営を学ぶ必要があります。学びは欠かしてはなりません。

余談ですが、私は本から多くを学びます。

私はもともと本を読む習慣はありませんでした。

恥ずかしながら本を読む習慣ができたのはほんの10年ほどです。

『もし高校野球の女子マネージャーがドラッカーの『マネジメント』を読んだら』（ダイヤモンド社）が流行った時です。

「読んでみるか」と読み始めて衝撃を受けました。

それまで自ら試行錯誤して積み上げてきた長年の成功の法則がそのまま書いてあったのです。

本を読んだら成功の法則が分かりやすく早く入手できると実感しました。

それからというものビジネス書、自己啓発本、小説など自身のビジネスに関係あるものだけでなく関係のなさそうな本まで読むようになり、知識を蓄えています。

第4章

フランチャイズ経営の成功とは

フランチャイズの成功と言っても色々な成功の形がある
——大事なのは、どういう成功を目指しているのか、家族と共有すること——

「妻と2人で、生活ができるだけの収入があればそれでいい」
「オーナーという形ですぐに経営者になりたい」
「お客様に接客できることが、一番の喜び」
「多店舗展開して収入を増やしたい」
「1人でも多くの従業員に幸せになってもらいたい」

フランチャイズの成功と言っても、経験や考え方、家族構成、家族の理解、出資可能な資金などその人の属性によって、それぞれ違うのが当たり前です。「このビジネスでの成功はコレだ!」と決めつけることはできません。

私はずっと、「多店舗展開してこそフランチャイズの成功だ」と思っていました。

今でもそう思っているのですが、実際に加盟店オーナーの方々と話をしてみると、そういう方ばかりではないと感じます。

「接客をするのが好きなので、多店舗展開して、自分が売り場に立つ頻度が下がってしまうのが嫌だ」

「多店舗展開することによって、今いる従業員との距離感が生まれてしまうのが寂しい」

「多店舗展開したいけれど、管理する自信がない」

こういった意見をいただくと、「人によって成功の形というものは違うのだ」ということを実感します。

起業する上でまず越えなければいけない問題が、家族の了解です。

家族の理解を得られないままスタートすることは大変危険です。

いくら自分自身が成功の形をイメージできたとしても、家族に反対されていてはうまくいきません。

本業を持ちながら、サイドビジネスで始められるようなものであれば、家族の了解なしに始めても問題がないのかもしれません。

しかし、本業を辞めて、新たに挑戦するとなればそうはいきません。

もし失敗してしまったら、生活ができなくなるなんてことも起こりうるからです。

ただ、まわりの起業家の話を聞いても、フランチャイズに限らず、起業の話をすると、最初はだいたい反対されます。

なぜなら安定したビジネスパーソンの立場を捨て、成功するかどうか分からない仕事を始めようとするのですから。

パートナーの両親がビジネスパーソンの家庭に育った方だったらなおさらです。

安定を選ぶ傾向にあるでしょう。

誰もがそうですが、やったことがないこと、経験したことのないものに対して、「それって本当に大丈夫?」と不安になるものです。

例えば、投資をしたことのない人に〝株〟や〝投資〟というだけで、「株式投資なんてギャンブルみたいなもの」「不動産投資はお金持ちがやるもの」といった先入観だけで判断され、反対されてしまうということもよく聞きます。

起業に対しても同様で、家族に理解できないものを相談した時に「そんなことダメに決まってるでしょ!」とNOを言われてしまうかもしれません。

まずは、家族を納得させることのできるプレゼンが必要になってきます。

例えば、以下の3点です。

1・なぜそのビジネスなのか、今の仕事を続けないで、それを選択する理由

2・そのビジネスを行うことで、どういう成功を目指しているのか、どんな未来が待っているのか

3・その事業を行うには、どれくらいお金がかかり、出資した金額を何年で回収できるのか

私自身今でも、新たな出店計画があった時には、必ず家族会議を開催しています。まあ、私の場合は会議というより報告ですが（私が言い出したら聞く耳を持たないので家族は諦めています）。

フランチャイズに限ったことではありませんが、成功には様々な形があります。自らが描く成功の形を家族と共有しましょう。家族は良き理解者になりますし、時には強力なビジネスパートナーにもなります。

●「自分の想いを実現する商売を楽しみたい！」という成功

サラリーマンは自分が楽しい、向いていると思っている仕事であっても、転属・転

勤など会社都合で続けることが難しい場合があります。

しかし、起業すれば、誰に干渉されることもなく自分がやりがいを感じる仕事を続けていくことができます。

知り合いのオーナーの中にも「何歳になっても売り場に立って、お客様と接していたい。店舗を増やしてしまうと、マネジメントに関わる時間が増えるので、自ずと売り場に立つ時間が減ってしまう。だから私が考えるこの商売における成功は多店舗展開ではない。既存の店舗を大切にして、商売を楽しみたいんだ」という方もいらっしゃいます。

この方はマネジメント能力も高く、何店舗も経営していく実力があるにもかかわらず、このスタンスを貫いています。

もちろんこの方が現状の店舗経営をしっかりと行っているからこそ意見が通るのですが、自分が「こうなりたい」と思えば誰に反対されることもありません。

フランチャイズ本部もオーナーの想いは尊重してくれます。

フランチャイズ本部からすると、本当は規模を拡大していきたいはずです。

加盟店の数が増えれば増えるほど、スケールメリットが発揮できるからです。

優秀な加盟店オーナーが複数の店舗を経営すれば、確実に利益を上げることができます。

「間違いのない選択」をしたいのは本部も同じなので、できることならばデキるオーナーに複数の店をやってもらいたいと思っています。

しかし、このオーナーのように1店舗の経営をきちんとやってくれる方も歓迎されています。

たとえ複数店を経営してもらえなかったとしても、1店舗を地域に根付いた優良店舗にしてもらえることで、ブランドイメージを上げることに貢献しているからです。

雇用を創出して、より社会に貢献していく成功

雇用をするということは、従業員に対しての責任が生まれます。
事業を継続し、従業員の雇用を維持しなければいけない責任です。

雇用を生む、給料を支払うということは、従業員の生活の糧となる資本の一部を、労働を通じて、会社が従業員に支払うということです。

働く動機は人それぞれ。
生活費を稼ぐためかもしれないし、仕送りにあてるためかもしれません。
または、子供の塾の月謝にあてるためかもしれないし、はたまた遊行費を稼ぐためなのかもしれません。

動機はまちまちであっても、その従業員の生活を守る・華やかにさせるお金である

ことには違いありません。

もし、会社が潰れて、その人達が職を失ったとします。「新しい働き口なんて、すぐ見つかるでしょ」と思うかもしれませんが、それでは経営者としての覚悟が足りないのではないでしょうか？　今いる従業員全てが新しい働き先を簡単に見つけることができるとは、限らないからです。路頭に迷う人がいないとは、限らないからです。

だから会社は潰してはいけないのです。

従業員達の雇用を維持することが、経営者としての務めです。

正社員であってもパートやアルバイトであっても、フランチャイズ加盟店で働く従業員は、店舗と同じ市内であったり、近隣の町などに住む、そう遠くないところから来ている人が多いでしょう。

「近隣の市町村に住む人々に対して働き口を提供し、継続して雇用し続ける」ということは地域社会に貢献していると言っていいでしょう。

法令を守り社会に貢献していく成功

労働基準法というものがあります。
これは労働者を守る法律です。
もちろん企業はこれを守らなければいけません。

私の幼少期には刺繍屋、機織り工場、八百屋、肉屋、自転車屋、駄菓子屋、銭湯に段ボール工場が50m圏内にあって、どこもみんな自営業でした。
私の家も、自営の酒屋でした。

働いたら働いた分だけ儲かるビジネスをしている家庭が多かったです。
みんな自営業ですから、労働時間にケチをつける人はいません。

― 自営業主・家族従業者 ―

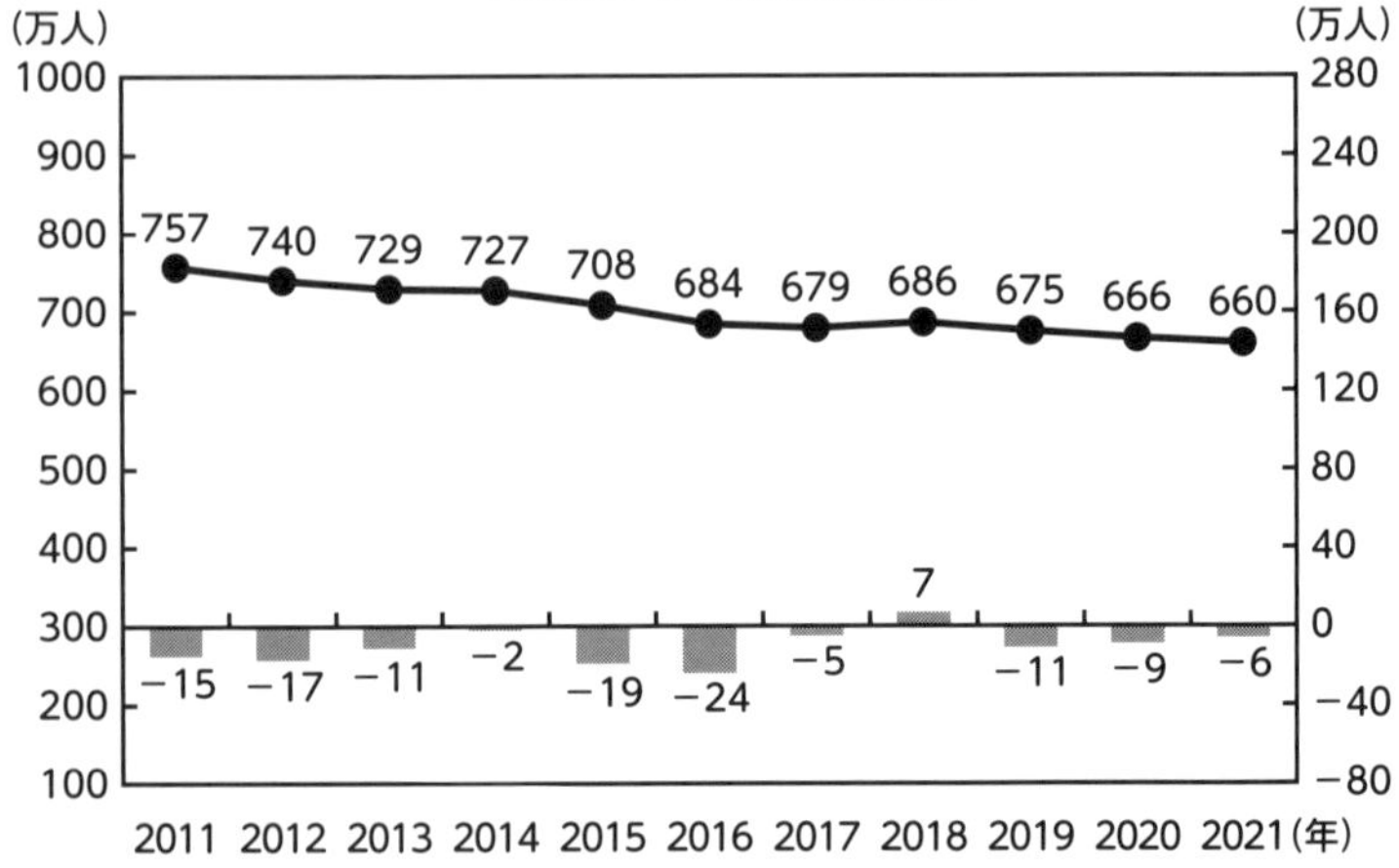

労働力調査2021年平均より引用
URL：https://www.stat.go.jp/data/roudou/sokuhou/nen/ft/pdf/index1.pdf

働き方に関しても文句は言われません。

生活の糧となるお金の作り方は自分次第でした。

しかし、時代は変わりました。

初対面の人に会うと昔は「どんなお仕事ですか」と聞かれましたが、今は「どちらにお勤めですか」と聞かれることも増えました。

こういった言葉からも、自らが仕事を持つ人よりも、どこかの会社組織に属している人が多くなったのが分かります。自営業者が多かったご近所さんも今ではほとんどが「会社員」となり、事業を営んでいる方は少なくなってしまっています。

この10年で見ても、2011年に757万人いた自営業主・家族従業者数が2021年には660万人に減っています。

一方で、雇用者数は2011年の5512万人から2021年には5973万人となり、増えています（労働力調査（基本集計）2021年平均）。もちろん、定年後も働く再雇用制度が定着してきたといった理由などもあり、雇用者数が増えているのでしょうけれど、自営業者が減ってきているという事実・トレンドにはなっているといえます。

こういった流れに沿って社会も変わってきました。

その1つが労働基準法です。

雇用する側とされる側、何もルールを作らなかったら雇用する側の力が大きいので、働く側の不利にならないようなルール作りが必要になってきたのです。

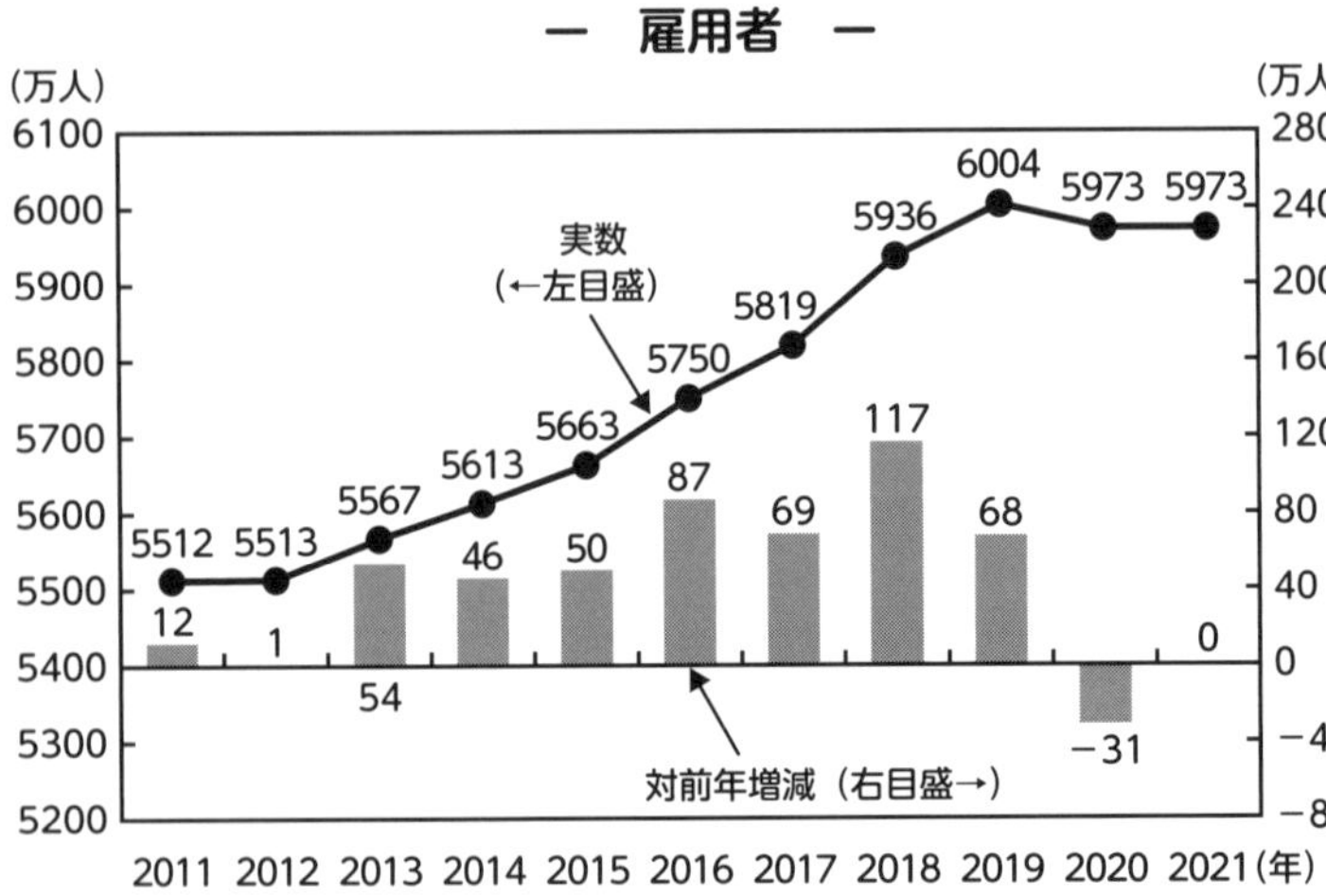

年々、この従業員を守るルールが厳しくなっています。

当然、基本的な労働時間を超過した部分に、割り増しして、賃金を支払わなければなりません。

ですから、しっかりと週に2日は休日を取ってもらうようにしましょう。

そして、しっかりと有給休暇を取ってもらいましょう。

健康維持のために健康診断を受診してもらってください。

雇用保険・社会保険に加入させ、半額を会社が負担しましょう。

ビジネスパーソンであれば、そんなの当たり前のことと思うかもしれませんが、私の経験では、コンビニエンスストアでは意外とできていない店舗があるのが実状です。

会社は法令を遵守しなければいけません。

それを守ることで従業員満足に繋がりますし、守らないと罰せられてしまいます。フランチャイズ店舗であってもそれは同様です。

一度覚えた法令も、時が経つと内容が変化している場合もあります。法令に沿ったルールを作ったのに気がついたら、法令違反になっていたなんてこともありえます。

「知らなかった」では済まされないので、専門家である社労士事務所と顧問契約を結び定期的なアドバイスをもらうことをおすすめします。

本部と加盟店は別々の会社です。

本部は本部で加盟店は加盟店でそれぞれが自社についての備えをしなければなりま

せん。本部がやってくれるものではありません。

ですから、ご自身で社労士を探さなければならない場合もあるでしょう。

ちなみに、私の加盟するコンビニチェーンには社労士を紹介してもらえる仕組みがあります。顧問契約については加盟店オーナーに委ねられますが、まっさらの起業でツテがない方にとってはありがたい仕組みかもしれませんね。

こういった制度があるのかないのかも、確認してみましょう。

他のフランチャイズオーナーとの繋がりを持つことで自分の成長に繋げる成功

自分なりのやり方が、確立されて経営に慣れてくると、他のお店の販売数や商品の売り方などが気になり始めるものです。

もっと良いやり方があるのかもしれないと。

情報源として書籍というものの力は絶大ですが、知りたい情報が即座にピンポイントで手に入るとは限りません。

しかし、同じ悩みに直面した同業者であれば、問題解決に繋がる答えを持っているかもしれません。

どんな世界にも、その業界ならではの勝ちパターンを持っている強者がいるものです。

そんな人を真似することが肝要です。

全て真似ることは難しくても、その人と知り合うことで得られるものは、多いでしょう。知識に限ったことではなく、物事の考え方やコミュニケーションの取り方など、成功している人ならではのメソッドから学ぶものは非常に多いです。

フランチャイズによっては、オーナー同士の横の繋がりの場である、オーナー会を開催しているところがあります。

その商売での経験のある・なしに関わらず、他オーナーからのアドバイスをもらったり、互いに情報交換できる場があることは経営をしていく上で助かるものです。

私の加盟するコンビニチェーンはどうかというと、有志で集まるオーナー会はあるものの、本部主導のオーナー会はありません。

そのためそういったオーナー会に入っていない多くのオーナーが得ることのできる他店舗の情報は、ほとんどが本部からのものです。

「本部からの情報だけでは不十分なのか」と言ったら、決してそうではありませんが、近年情報の開示に制限がかかってしまったりしています。

公正取引委員会の指摘により、本部と加盟店はそれぞれ独立した事業者であることから、同じチェーンであっても、簡単に店舗の情報を他店舗（別の会社）に共有することが難しくなってしまったのです。

例えば新商品の販売個数であったり、揚げ物などセール商品の販売順位・販売金額、売り場の写真などのデータです。

情報の開示に関しては私が加盟するコンビニチェーンに限ったことでなく、どのフランチャイズ本部でもこういった状況になっています。

本部には情報は集まりますが、これらの理由から加盟店に共有する際にフィルターがかかってしまいます。

「フィルターのかかった本部の情報だけでは経営が難しいのか」というと、そんなことはありません。ただ、店舗の実名が掲載されていなかったりするので、成功事例を見ても、抽象的ですし、具体性がありません。

例えば、「東京駅店の○○という試作が効果がありました。ビジネスパーソンが多い駅にある店舗は取り入れてください」ではなく「ターミナル駅近くのAという店舗で○○という施策が効果がありました」となってしまうのです。

これでは、抽象度が高いため、「明日から取り入れよう」とはいきませんよね。フィルターがかかっていたとしても多くの情報を受けることができます。

ただ、前述したオーナー会のような他のオーナーと繋がれる仕組みがあれば直接情報交換ができるので、より具体的な内容で知ることができます。

未経験であればなおさら情報源は多いに越したことはありません。

フランチャイズを選択する際にオーナー同士の横の繋がりがあるかどうかを確認してもいいかもしれませんね。

成功するための加盟する年齢

フランチャイズによって契約期間が違います。

私の加盟するコンビニチェーンの契約期間は15年です。

フランチャイズの中では契約期間としては長いほうです。

実はあまり知られていませんが、契約年数が進めば進むほど、ロイヤリティが下がっていきます。15年、20年、25年の節目でロイヤリティが下がるのです。

同じように仕事をして同じ売り上げができていたとしても、契約15年未満のお店と15年経過しているお店では利益が違います。もちろん契約期間が長いほうが儲かります。

つまり、私の加盟するコンビニチェーンは15年以上経営したほうが、旨味があるということです。

加盟条件にオーナーの年齢制限がありますが60歳以下であれば加盟することができます。

もし60歳で加盟すると15年の契約満了時には75歳。

契約15年以降の旨味を75歳から得ることができたとしても、その先も働き続ける体力があるかどうか分からないため、将来を思い描けないでしょう。

できれば若くしてその権利を得るべきです。

そう考えると、私の加盟するコンビニチェーンにフランチャイズ加盟するなら若いに越したことはありません。

もし30歳で始めると15年経過で45歳。旨味のある経過年数15年以降を45歳から味わうことができます。

また、経営が軌道に乗るまでは、オーナー自身が店頭に立たなければならないことも多いでしょう。

そうすると、それなりの体力が必要です。そういった面からも若いに越したことはありません。

加盟前に様々なフランチャイズを検討する際に、加盟当初のロイヤリティだけを注目しがちですが、その契約期間と契約満了した後には、何か加盟店に有利な条件変更などがあるのか、なども調べておくといいのではないでしょうか。

成功の秘訣は貸し倒れがない業態を選ぶ

コンビニエンスストアには売掛金がありません。

売掛金というのは、簡単にいうとツケとか月払い・請求書払いの形態のことです。コンビニはツケでは買い物はできないし、お客様ごとに請求書を発行して支払っていただくこともありません。

支払い方法は現金、クレジットカード、バーコード決済、QUOカードなどその場で必ず決済が終了します。

当たり前のことと思うかもしれませんが、売掛金がないというのはとてもありがたいものです。

貸し倒れすることがないからです。

様々なお客様がいるので、期日を設けても期日内に入金してもらえない方もいるし、夜逃げされて、集金する手段を失ってしまうこともあります。

入金がなければこちらの支払いスケジュールに支障をきたすことにもなるし、夜逃げされてしまえば丸損です。

私はもともと酒屋を営む家に育ったのでその苦労を目の当たりにしてきました。

「新規にオープンさせたスナックに夜逃げされた」とか「3ヶ月分も支払いを滞納されている」とか。問屋への支払いがあるのに支払うお金が足りなくなり、自販機からお金をかき集めてなんとか間に合わせたなんていう話を両親から聞かされていました。

現金商売というのは貸し倒れのリスクがないので、経営する上での不安材料が少ないビジネスということが言えます。

第5章

フランチャイズでの成功の形
多店舗展開していくためには

多店舗展開してこそオーナーの収入も従業員の収入も上がる

フランチャイズ経営をしていくと業態にもよりますが1店舗で50～60万円の月収になる方もいます。

当然、ビジネスパーソンの時よりも給料が良くなるケースが多いため、そこで満足してしまう方もいます。

私は7店舗のコンビニ経営を行っています。

もし1店舗当たり50万円の月収とすると、私の月収は7倍の350万円ということになります。

しかし、実際はそんなにもらっていません。

店舗が増えれば増えたなりの出費が増えます。

1店舗では自分だけでできていたことでも、店舗が増えるにつれ、人の手を借りないとできなくなることも多くなるのです。

店舗の安定した運営をするために、正社員を雇用しなければなりませんし、従業員の教育費用も発生します。

正社員となるとパート・アルバイトよりもちろん高給です。

長時間労働者も増えますので、当然社会保険加入者も増えます。

このように人件費比率が高くなっていきます。

人件費以外にも店舗が増えるにつれ、余分にかかってくる費用も増えていくので、収入も倍々で増えていくかというとそういうものではないのです。

店舗が増えれば、売り上げも増えますが、手間も増えます。

店舗が増えればリスクも増えます。借入金額も増えていきます。

万が一の時には借入金の返済ができないかもしれない、倒産するかもしれない。

高いリスクには高いリターンがあって当然ですから、月収も1店舗経営の時と同じかと言えばそうではありません。
1店舗の時よりもはるかに高い月収です。

こういう話をすると「お金が全てじゃない」と言う方がいます。
確かにその通りで、お金で買えないものも多いです。
しかし、お金があれば選択する幅が広がるという事実があります。
「お金があったら〇〇できるのに…」よく聞く言葉です。
お金があれば選択できることをお金がないために諦めているという方は非常に多い。
選択の幅を広くできるお金というものは、人生を豊かにできる道具ということです。
そう考えると、お金はないよりあったほうがいい。

では、社長だけが満足できる収入があれば良いのかと言ったら、そうではありません。
せっかく縁あって自分の会社で働いてくれている従業員にも満足いく給料を払うことは当然です。

しかし、店舗のクオリティを上げ、売り上げが高くなったとしても、ある一定の売り上げ以上を1つの店舗で稼ぎ出すことは簡単なことではありません。

従業員の給料を上げようと思っても1～2店舗を経営しているだけでは、思ったような給料を支給することは難しいことです。

ですから、1店とか2店とか店舗数が少ないお店では、収入が増えていかないため、従業員の給与も上げていくことはできない可能性が高いのです。

そのために多店舗展開するべきなのです。

多店舗展開しなければ、自らの収入も一定金額以上にはなりませんし、従業員にも満足いく待遇をしてあげられないでしょう。

店舗を増やし自らの収入を上げ、従業員にも満足してもらえる給料を支給したい。

フランチャイズは本部のフォローをもらいながら、経営していく多店舗展開しやすいビジネスです。

店舗を増やすリスクを考え躊躇するのではなく、「えいや！」と一歩踏み出す勇気を持ちましょう。

多店舗展開の最大のメリットは、立地分散によるリスクヘッジ

多店舗展開すれば売り上げが増えます。

「店舗を多く持つことによるメリットをそれだけ？」と思われる方がいらっしゃいます。

ところが、その認識だけでは不十分です。

多店舗展開の最大のメリットは、色々な立地に出店することで、リスクの軽減ができることです。

私自身の経験です。

パチンコ店が近くにある店舗を経営しています。

ある時、そのパチンコ店が半年間休業しました。

「パチンコ店が閉まったからってコンビニに影響あるの？」そう思われるかもしれません。

しかし、影響は大きいものです。

パチンコ店は営業時間も長いので、遅い時間まで多くの人が来ます。

そしてパチンコ店に来たお客様がコンビニにも流れます。

パチンコ店では数万円単位の大きい金額が動きます。

ですから、お客様にとっては、ついでに寄っていくコンビニの商品はパチンコ店で動く全額に比べて安いのです。そのため、金額を気にせずに買っていただける可能性が高いのです。

ですから、パチンコ店からのお客様はありがたいお客様なのです。

そのパチンコ店が閉店している半年間、店舗の売上・客数は激減しました。

もし、その店舗しか経営していなかったとしたらゾッとします。

しかし、当社は他にも店舗があることで、1つの店舗の売り上げが下がったダメージを他の店舗で補うことができ、倒産の危機に直面するような事態にはなりませんでした。

このように多くの店舗を持って立地を分散させることは、外部環境の変化による廃業リスクを軽減させることになります。

多店舗展開は収入を最大化させる「給料が増える」ことが注目されがちですが、立地分散によるリスクヘッジで「給料がゼロにならない」ことこそが最大のメリットです。

多店舗展開のカギは本部との関係性が大きい

「どうやったら7店舗も運営できるの？」とよく聞かれます。

私の加盟するコンビニチェーンではいきなり複数店経営はできません。

1号店の出店から2年以上経たないと、2号店出店の権利を手にすることはできないのです。

また2年経ったとしても、1号店の店内体制がしっかりできていなければ同様に許可をもらえません。

店内体制とは、接客のクオリティであったり販売力であったり、売り場の陳列であったり、清掃が高いレベルで維持されているかどうかであったりします。

本部からすると、複数の店舗を持たせても既存店舗と新店舗のどちらのクオリティ

も高くできる可能性の高い人にまかせたいのです。

ですから、1号店の店内体制ができていることが出店の条件です。

そしてそのルールは3号店以降についても同様です。

3店目・4店舗目だからといって基準がゆるくなることはありません。

本部は新しく出店が決まると、その店舗を経営するオーナーを選考します。

選考には優先順位があります。

まず第一に新規のオーナー、次に、既に店舗経営を行っていて、苦戦しているため移動先を探している既存店オーナー、次に新たに複数店をやりたいオーナー、そして最後に既に複数店を経営しているオーナーとなります。

例外として、出店場所が既存店舗に近い場合、優先順位の1位にその既存店を経営しているオーナーがきます。

弊社の場合、2号店のそばに「4号店・5号店」を3号店のそばに「6号店・7号店」を出店しています。

いずれも既存店舗の商圏内の出店だったために優先順位1位で経営することができました。

新店舗を経営しないという選択肢もありましたが、私が断っても出店計画が中断されるわけではありません。

必ず出店することとなり、そこは他のオーナーが経営することになります。

「他の誰かに取られるくらいなら」と手を上げ続けた結果の7店舗と言っても過言ではありません。


コンビニの店舗を経営する上で、売り上げに1番影響を与えるのは同じチェーンの競合店舗です。

他社のコンビニエンスストアでもスーパーでもなく、1番怖いのは同じチェーンの店舗の出店です。ですから、まずは既存店の実績を上げ続け、本部との信頼関係を築くことが複数店経営をしていく上での重要なポイントになります。

当たり前のことですが、本部も加盟店も立場は違えど同じ看板で商売をしています。加盟店は販売業務を、本部はそのバックアップを行うことで成り立っています。加盟店は商品を積極的に販売し実績を上げ、本部主催のイベントがあれば多くの従業員を参加させるなどの協力を惜しまない。

本部が用意したバックアップを活用し、同じ方向を向いて店舗の運営を進めていく。そして実績を積み上げ、信用を得ることが重要です。

知り合いの多店舗経営をしているオーナーの多くは「チェーンの成長のために」といった視点で本部に意見をしています。

本部と一緒に事業を成長させようと思っているオーナーにこそ次のチャンスはやって来るのです。多店舗展開を考えるならば、本部と共にチェーンを成長させる気持ちが必要です。これはコンビニチェーンに限ったことではなく、フランチャイズ全体に言えることではないでしょうか。

多店舗展開に必要なのは、再現性と仕組み化

少し私の恥ずかしい話をします。

店舗の運営を全く仕組み化ができていなかった頃の話です。

３号店がオープンしたのが２０００年。

今から22年前です。１号店を母が、２号店を私が運営し、３号店は雇われ店長に担当してもらっていました。

当時は今のように複数の店舗を経営する方がまだ少なかったため、グループ店を経営するノウハウなどまるでなく、全て手探りでお店のマネジメントを行っていました。

弊社は当時グループと言っても1号店は母の色、2号店は私の色、3号店は店長の色というように、それぞれが全く違うカラーのお店になっていました。

1号店・2号店はどちらも経営者一族のお店なのである程度のクオリティを維持できましたが、そうではない3号店の店舗レベルは高いものではありませんでした。

雇われ店長には時給を決める権限も与えていませんでしたので、いくら頑張っている従業員がいても時給を上げることもできません。

また、査定の時期も決まっていないし、何をどうしたら昇給するのかという基準も不明確でした。

私達から権限を与えられていない店長が、きちんとした従業員教育をすることは難しかったでしょう。自然と従業員のモチベーションは下がり、質の低い店舗になっていました。

あるときその店長から「オーナー、あの子すごく頑張ってくれているので、時給上げてあげてもいいですか?」と言われ、「そっかそっか。いいよ!」と即答しました。

しかし、その頑張っていると言われていた従業員の接客が、私が担当している店の入ってまもない新人以下の接客レベルでした。

ここでハッと気付きました。私の〝頑張っている〟とこの店長の〝頑張っている〟は評価の基準が違う。

この店長は「シフトを休まない」「店長の言うことを聞いてくれる」が1番で、お客様に対する姿勢が1番ではなかったのです。

それをきっかけに私の働き方が変わっていきました。

同じグループなのに店舗レベルの格差もあるし、従業員の待遇も違ってしまっている。

店長間での評価の軸もズレている。

これをグループとしての統一感あるものにしていこう、仕組み化していこうと。

まず使うツールをグループ間で統一しました。

シフト表はこれ、伝言ノート・作業割当用紙、評価チェックシートで良い点数取るように、などです。

グループのどの店でも同じものを使い、従業員の評価の方法も同じものにしました。

意思統一を行うための会議も始めました。

3店舗の店長を集めたミーティングを週1回、そこで決まったことを共有するための店舗でのパートミーティングを週1回、そしてグループ全体の方向性を共有するためパート・アルバイトを含めた全従業員参加のミーティングを年に2回実施したのです。

コンビニエンスストアはパート・アルバイトが中心の職場なので、彼ら・彼女らをどう戦力化していくかが売り上げを左右します。

たとえアルバイトであったとしても上から命令するのではなく、指示の趣旨や背景を説明し、納得してもらった上で業務についてもらうことが重要です。

試行錯誤の末、3店舗の時に出来上がった仕組みを4号店で同じように当てはめてみたところ、スムーズな店舗運営ができたので、5・6・7号店と同じように広げていきました。

基本的には同じツールを使っていますが、店舗が増える都度生じる問題箇所に修正を加えながら使い続けています。

現在では、グループ間でのスピーディーな情報交換をするために、各店舗にタブレットを設置。

新商品の売り場写真を共有したり、売り込み商品の販売数の共有をしたりすることに使っています。

店舗が7店舗に増え、従業員数も約150名になった今、研修室を作り、そこでの集合教育も行っています。

それぞれの店舗に出向いてする教育よりも一箇所に集めて教育したほうが、効率が良いものもあるからです。

新人教育、発注勉強会、POP勉強会、などパート・アルバイトを対象とした勉強会です。時には外部講師にお願いをすることもありますが、基本的には正社員が講師となって行っています。

会社の規模や、その時そこにいる人員でどんなことができるのかを考え、パート・

アルバイトにやりがいを持って仕事をしてもらう。そのための仕組みを作ることが多店舗展開していく時の重要なポイントになります。

多店舗展開に最も必要なのは、「想い」とそれを伝える「熱量」を形にすること

多店舗展開に必要なものは仕組みであると述べましたが、もう1つ必要なものがあります。経営者の「想い」「熱量」を伝えるものです。その1つが「経営理念」です。

弊社は手探りで店舗展開を進めてきました。

お恥ずかしい話ですが、3店舗までの間は経営理念というものを作っていませんでした。正直その必要性を感じていなかったというのが本音です。

なぜならば、3店舗までであれば私のマンパワーで回すことができたからです。

毎日3店舗の間を行ったり来たり。

従業員に指導したり、従業員と談笑したりする時間を確保できたし、そんな中で商売に対する「想い」やそれにかける「情熱」を伝えることができていたのです。

しかし、4店舗、5店舗と増えていった時に「あれ？　なんか熱が伝わりにくくなったぞ」と感じる瞬間が多くなってきました。

従業員と関わる時間が相対的に少なくなってきたことで、想いが伝わりにくくなっていたのです。

そこで初めて「経営理念」の必要性を感じました。

経営理念は、店舗経営で言えば、経営者がどんな店舗にしたいのか、お客様・社会に対してどうありたいのかを形にしたものです。

もし、あなたが多店舗経営をしていて経営理念がないとしたら、作ってみることをおすすめします。

難しく考える必要はありません。

今までどんな想いで経営してきて、どんな姿が美しいお店の形なのか、それを言葉にすれば良いのです。

私の場合、それまで従業員との会話の中でそれとなく伝えていたものを形にしただけです。

今までやってきたことではない「それ実現可能なの？」というような理念にする必要はありません。

・言葉で言われた訳ではなくても「あなたがいるからこの店に来てるんだよ」って思ってもらえるような接客をしたいね
・いつきても欲しい商品が並んでいるお店にしたいね
・清潔感のあるお店を心がけたいね
・選ぶのが楽しくなる売り場の演出って大切だよね

こういった行為の共通点から核となる「理念」を抽出するといいでしょう。

例えば「顧客満足」という言葉になるかもしれませんし、例えば「笑顔」かもしれません。場合によっては「地域に必要とされる」なんていう言葉になるかもしれません。

同じ行為であっても、経営者一人ひとりによって「この会社はどうありたいのか」

の根っこの形は違うものです。

一度、会社の中で大切にしている行為を列挙して、その中から共通点を見つけてみましょう。

また、ネットを検索すれば企業の経営理念を簡単に見ることができます。

もちろんそれらを参考にしても良いですが、みんなが納得できる地に足のついたもののほうが、従業員に浸透するのではないかと思います。


今では、パート・アルバイトであっても正社員であっても、出勤時に経営理念を読み上げてから売り場に立つようにしています。

面と向かって、時間をかけて直接伝えるものに比べれば当然効果は低いですが、多くの従業員を抱えた今、経営者の想いを伝えるツールとしての効果は大きいです。


実はこの経営理念を会社の中で1番使っているのは私です。

会議の中で「経営理念にも書いている通り、うちのお店では…」「それって、経営

理念からズレてない?」など、共通認識があるだけで従業員との会話がスムーズになります。

いちいち1から説明する手間が省けるのです。作ってみて感じた意外な効果です。

会社創業時に経営理念を作ることを指導するコンサルタントもいると聞きます。創業理念としてはいいかもしれませんが、立ち上げたばかりの社長では経験が不足しているため、そこで理念を作っても、汎用性がなかったり、従業員の想いをくめていなかったりするのではないでしょうか。

それならば、実際に経営を行い、ある程度の年月が経った時に、腹のそこから出てくる言葉を形にしたもののほうが、実態に合った本当の理念となるのではないでしょうか。

私は「経営理念について話をしろ」と言われれば、1時間でも2時間でも話すことができます。それほど弊社の経営理念には私の「想い」と「熱量」を注入してあります。

第6章

私が実践している！成功するための店舗の人事戦略

人事戦略とは、採用↓配置↓報酬↓育成↓評価の流れを作り上げること

フランチャイズに限ったことではありませんが、人材の確保が会社経営をしていく上でとても重要です。どれだけ売り上げが高くても働く人がいなければ、事業を継続することはできません。

人を採用し、確保することがどんなビジネスであっても大きな課題となります。

私の加盟するチェーンではチェーンのホームページから掲載費無料の募集採用ページに飛べるようになっています。

そういったサポートは本当にありがたいものです。

サポートがない場合、加盟店オーナーが従業員の募集をしなければなりません。

当然募集するには、費用が発生します。

求人情報誌や求人サイトなどに掲載した場合、1回数万円の募集費用です。そして、1回掲載したからといって応募がくるとは限りません。

複数回募集をしても反応がない場合もあります。

こういった募集費用だけで莫大なコストになる可能性があります。

1回3万円をかけて採用の募集をしても応募者が1人だった場合、その人の採用に3万円の経費がかかったことになります。

それだけではなく、採用した後には教育期間が必要です。

教育期間であっても時給を払わなければなりません。

3時間×7日間の教育期間の場合（時給1000円として）、2万1000円です。

合計採用人数＋教育期間を合計すると5万1000円となります。

従業員が定着しない入れ替えの多い店舗はこのような募集費用と教育費用がかかり続けることになります。

そうすると、経営を圧迫することになりかねません。

また、定着率の低い店舗は入社歴が浅く経験値の低い従業員が多い傾向にあります。分からないことも多いのでオーナーに質問することが多くなります。

結果、平日だけでなく休日まで店舗からの連絡に対応しなければならなくなります。

そして、経験豊富な従業員の多い、安定した経営を行っている店舗が近隣にあったら、新人ばかりの運営レベルが低い店舗はお客様に選んでもらえなくなるでしょう。

その理由から従業員の定着率を上げることが重要です。

そこで人事戦略です。

人事戦略とは、採用↓配置↓報酬↓育成↓評価の流れを計画的に作り上げることです。

どこか1つだけできていればいいというわけではなく、それぞれが満遍なくできていなければいけません。

採用の部分だけ頑張っても育成を行わなければ、その従業員はすぐに離職してしまうかもしれませんし、育成する仕組みができていたとしても、人が入ってこなければ始まりません。

全体を通してルール作りをしておくことが人事戦略です。
それをこの先で説明していきます。

検索でヒットしない会社は存在しないのと同じ。ホームページを用意する

何かを探そうとする時に誰もがスマホで検索をすることが多いです。
検索をしてひっかからなければ存在しないのと一緒です。
ですから、ホームページは必ず用意しましょう。

しかし、フランチャイズって少し難しいところがあるんです。
本部と加盟店は別の会社であっても同じチェーンです。
本部も当然ですがホームページを持っています。
そこには商品の情報であったり、セールの情報であったりが記載してあります。
加盟店は本部が提供している情報と同じ内容のものを掲載することはできないし、
あまりにチェーンとして逸脱している内容を掲載することも避けたほうが良いのです。

そんな制限があるのなら自社のホームページは必要ないのでは？ と思われるでしょう。

しかし、それは違います。

弊社のホームページでは採用ページや、どの店舗が弊社の店舗なのかや、弊社の経営理念など、本部が提供している情報ではなく、独立した1つの会社として、社会にどんな価値を提供しているのかといった内容を記載しています。

こういった内容であれば、フランチャイズ本部の内容と被ることもありませんし、会社の存在のアピールをすることができます。

お客様向けの内容は主に本部が掲載しているチェーンが多いと思います。

加盟店がホームページを用意する場合、会社案内や募集採用に繋がるものを主な内容にするといいと思います。

いずれにしてもネットに存在しない会社はないのと一緒。フランチャイズ加盟店と

Google
ビジネスを Google 検索や Google マップなどで見つけてもらいましょう
まず、ビジネスに関するいくつかの情報を入力します
ビジネス名*
続行

GoogleビジネスプロフィールWebサイト

いえど、自社の存在を知ってもらうためにホームページを用意しましょう。

いや、そうは言ってもホームページを作るほどの事業規模でもないし、そんなコストは払えないという方もいらっしゃるでしょう。

そういった方は「Googleビジネスプロフィール」をご存知でしょうか？

「店舗名」や「店舗住所」、「店舗の連絡先（電話番号・Webサイト）」を入力するだけで簡単に情報を発信することができます。

店舗の最新情報やイベントなどの投稿、写真の掲載やお客様から寄せられたメッセージに返信することができます。

詳しくはGoogleサイトで確認していただくとして、このサイトのすごいところがこれらの機能全てを無料で利用できるという点です。

まずはここから用意してみるのも良いでしょう。

募集チラシは捨てられるが募集のポケットティッシュなら捨てられない

弊社では「アルバイト募集」のポケットティッシュの配布を行っています。

無料でお渡しすると、お客様から喜ばれます。

そして、ポケットティッシュは配ったその日に捨てられることはありません。

使い切ってから捨てられます。

ですから、チラシに比べると人の目に触れる可能性は圧倒的に多いです。

車の中に置き続けてもらえるかもしれないし、家に持ち帰ってリビングに置いてもらえるかもしれません。

パート・アルバイトの募集にはコストがかかります。

募集サイトを使うこともあるでしょうし、チラシを作成し配布される方もいらっしゃると思います。

せっかくコストをかけて掲載しても応募がゼロなんてことも少なくありません。

繰り返し募集サイトに掲載して経費がかさむ苦しい経験をされることもあると思います。配布したチラシが捨てられてしまうことも多いでしょう。

そこでポケットティッシュの配布を試してみませんか。

作成個数によって単価は変わりますが、私が発注した業者だとカラー印刷6枚入り1000個で3.5円／個でした。

この単価で人に見てもらえる可能性を上げられることを考えると、安いのではないでしょうか。

パート・アルバイトの募集方法の1つとして参考にしてもらえれば幸いです。

応募が来たら2日以内に面接、その場で採用。次の出勤日もすぐ決める

今は求職側が有利な時代です。

多くの企業は慢性的な人手不足なので、常に募集をかけている状態です。

募集サイトには多くの企業の求人情報が掲載されています。

求職者からすると企業を選び、自分の希望の職場を選ぶことができる可能性が高い状況です。

時給・働く時間帯・仕事内容など自分の働きたい条件に近い企業をリストアップします。そして働きたいと思った企業順に応募します。

応募の方法も様々。

電話やメール、ＬＩＮＥから応募してくる求職者もいます。

近年、電話での応募はほとんどなく、メールやＬＩＮＥから応募があるケースが多くなりました。

最近の求職者は企業からのレスポンスが遅かったら、次の候補先に連絡してしまうようです。

ですから、「忙しくて連絡ができなかった」とか「メールを確認していなかった」など、こちらの都合を優先させてはいけません。

せっかく数ある企業の中から選んで連絡してもらったのに、その求職者を逃してしまうことになりかねないからです。

スピーディーなレスポンスが大切です。

応募がきたら面接日を決めます。

面接日もなるべく2日以内にしましょう。

先延ばしにすると面接日までの間に他の企業の採用が決まってしまいます。

採用を決めるのも早いほうが良いのです。

先ほどと同じ理由で、いくつかの企業の面接を受けている場合、先に採用してくれた企業で働いてしまう可能性が高いからです。

よって、遅くとも面接翌日には合否を伝えましょう。

弊社ではアルバイトの面接をした直後に採用を伝えています。

これくらいのスピード感でないと応募者が他社の面接に行ってしまいます。

他社と話を進める隙間を与えないスケジュール設定が重要です。

ちなみに弊社ではパート・アルバイトは基本的に全員採用です。

高校生・大学生・フリーター・シニア世代など、面接に来てくれた方は採用しています。

「全員採用なら面接する必要ないじゃん？」と思うかもしれませんが、面接は求職者の情報を聞き出すことよりも、弊社の基本的なルールを伝える場としています。

弊社のルールに納得してもらった方は全員採用です。

採用をお断りするケースは、「ピンクの髪の色は変えることができません」とか「掛け持ちで別のコンビニチェーン店に勤めている」といったような店舗の運営に支障をきたすようなケースです。

この全員採用には3つ理由があります。

1つ目の理由は、全員採用することが社会貢献になるからです。

面接に来た人を採用し、その人が給料を得ることができたら、1人の働く場所を提供したことになります。そういった意味で全員採用することは社会貢献になるからです。

2つ目の理由は面接をしただけでは、人となりが、分からないからです。

パート・アルバイトの面接は、正社員採用の面接のように、2次面接や3次面接を行うことはありません。

ですから、20〜30分の面接の中で、その人が私の会社にマッチしている人材なのかどうかを確かめなければなりません。

私はそういったことができるとは考えていません。

雇う側も雇われる側もその職場で仕事をしてみなければ分からないことのほうが多いのが実状ではないでしょうか？

面接の時ガチガチの学生アルバイトでも、働き始めてみたら別人のように生き生きとしていることも少なくないのです。

そんな従業員を見ると「面接だけでは分からないものだな」と痛感します。


3つ目の理由は教育です。


「なかなか優秀な人材がこないんですよね」とか「長瀬さんのところは優秀な人材ばかりでうらやましい」とか「どうやって人を集めてるんですか」と言われることがあります。

弊社は全員採用ですし、もちろんどんな会社であっても、全員優秀であるはずがありません。

何をやっているのかと言われるとズバリ「教育」です。

私は「良い人材」がくるとは思っていなくて、人材は作るものだと思っています。

ですから、採用は全員採用し、入社してから学んでもらえればそれでいいと考えているのです。

以上のような理由で全員採用しています。

商品力に差がなければ、競合と差をつけるには「人」しかない

コンビニエンスストアであれば、セブンイレブン、ローソン、ファミリーマートがナショナルチェーンとして展開しています。ファミリーレストランであれば、デニーズ、ココス、ガストなどがあります。

コーヒーショップはドトール、スタバ、コメダ珈琲が有名ですね。様々なチェーンがあり、それぞれが差別化を図って商品開発を行っています。

しかし、競争を繰り返してきたことで高いレベルでの競争となり、単品ごとには違いがあったとしても、大枠で見た時には差がなくなっているというのが、実際のところではないでしょうか。

少し前にセブンイレブンとローソン、ファミリーマートの3社が専門家から商品の味の評価をして点数を競うテレビ番組がありました。

このテレビ番組ではおいしいと評価された商品の数は3社ともほぼ同数でした。

「実力が伯仲しているんだな」と改めて実感しました。


これはコンビニに限ったことではなく、他の業態でも同じであると思います。

日本の商品の品質は非常に高い。

どこで食べても、どこで買っても、それなりの品質は保証されているのではないでしょうか。


では、商品力に大きな差がなかったらどこで競合と差をつけるのか。

それは「人」です。


私の加盟するコンビニチェーンでは、「人」への教育を徹底するため「基本4原則」というものがあります。

「フレンドリーサービス」「クリンリネス」「品揃え」「鮮度管理」の4つで、ここにこだわっていきましょうね、という「原則」です。

私はこの4つの原則はそれぞれ2つずつに分けることができると思っています。

「クリンリネス・鮮度管理」と「フレンドリーサービス・品揃え」です。

「クリンリネス・鮮度管理」は、簡単に言うと「清潔な状態に店舗を維持すること」と「おいしい状態でお客様に商品をお届けすること」です。

これはどんな立地のどんなお店であっても普遍的な部分です。

「正解がある仕事」と言うことができるでしょう。

ルールを決めて、どの時間に何を行うかを徹底することで解決できます。

「稀に汚いな」と思うお店がありますが、多くのお店では綺麗な状態を維持できているのはルールさえ決めてしまえば、継続できることだからです。

誰がやっても同じレベルにすることができる教育が必要です。

それに対して、「フレンドリーサービス・品揃え」は言葉の通り「接客」と「品揃

え」です。**これは立地・客層の影響を大きく受けます。**

「正解のない仕事」と言えます。

例えば、住宅地立地のお店と国道沿いのお店を簡単に比較しましょう。

住宅地立地のお店はスーパーのような使われ方をすることが多いです。

冷凍食品や食パン・牛乳などが売れるでしょう。

絶対的なお客様の数は少ないですが、来店頻度が高い。

週に3回とか毎日、多い方は1日に2~3回来店されることがあります。

常連客が多いので、求められる接客も「会話」ができるような接客になるでしょう。

一方で、国道沿いのお店の場合、長距離を移動するトラックの運転手やビジネスパーソン、週末になれば行楽に出かける家族連れなどが多く立ち寄ります。

大きな国道であれば片側2車線、3車線なので反対車線からお店に入ることはできません。

なので、一度立ち寄ったお客様が1日のうちに2度・3度立ち寄る可能性は低いでしょう。このお店では冷凍食品や食パン・牛乳よりも、ワンハンドで食べられるサンドイッチやおにぎり、缶コーヒーなどが多く売れると思います。

常連客の比率が少ないから会話よりも「スピード」重視の接客が求められるのかもしれません。

このように立地・客層によって求められる接客も品揃えも大きく異なってきます。

競合する企業間での商品のクオリティは大きな差がなくなってきています。

しかし、商品を仕入れるのも並べるのも販売するのも全て「人」です。

その店の客層に合った商品の品揃えをし、選びやすいように陳列を行い、にこやかな接客でお客様を送り出す。それは必ず「人」が行っています。

その「人」を教育することこそが経営者の最もやらなければいけない仕事です。

従業員教育とひと口に言っても、お店をコントロールする店長がいるお店もあれば、パート・アルバイトしかいないお店もあるので、その対象によって教育内容は変わってくると思います。

店長教育で会社側が用意するべきなのは、従業員教育に必要な時間を確保することです。例えば、店長教育に読書が必要だと思って書籍代を会社が負担しても、店長はなかなか本を読む時間を作ることはできません。

シフトのフォローだったり発注であったり、従業員からの相談に乗ったりもするのでお店にいる間に読書する時間を確保することは困難です。

時間が取れたとしても集中できません。

仕事場所から離れて学ぶ時間を会社側で認めましょう。

もちろん勤務時間中での話です。

当社では月に一度、当社の研修室・ミーティングルームにおいて、正社員向けの研修を行っています。著名な研修講師に来ていただき、レクチャーを受けるものです。

学ぶ内容は、数値の読み方や売り場の作り方、従業員とのコミュニケーションの取り方やアンガーマネジメントなど多岐にわたります。

店舗を運営していく上で必要な知識を蓄える勉強です。

パート・アルバイトの教育は、店長や先輩従業員から実際に売り場で学ぶOJTだけでなく、売り場から離れた教育も行っています。

入社後すぐに2日の研修を行う「新人教育」、入社1ヶ月くらいの従業員を対象とした「新人勉強会」、これから発注を学ぼうとする従業員向け「発注勉強会」、手書きの商品案内（POP）の書き方を学ぶ「POP勉強会」などです。

パート・アルバイト向けの集合教育は主に個人のスキルを上げるためのものにしています。

「人」で競合と差がつきます。教育にお金と時間をかけましょう。

経験者を採用する時こそ教育が必要

コンビニ経験者というのは意外と多いものです。
ほんの数ヶ月の経験の方もいれば、学生時代に長くコンビニでアルバイトしていた、という方もいらっしゃいます。

中には経験者が面接に来ると「即戦力！」と大した教育もせず、店頭に立たせるお店があります。

しかし、これは大間違いです。

経験者こそ教育が必要です。

教育は「知識の習得」と「意識の共有」です。

経験者は確かにレジ操作や検品・品出しなどの作業はできるでしょう。

どこでもやっている作業に関する知識はあるのかもしれません。

しかし、その習熟度は「経験者」といえども千差万別でしょうし、同じコンビニとは言っても、店舗やチェーンによってやり方が違うこともあります。

そのズレを直すためにも、知識の習得が必要です。


それを行わないと従業員間でのトラブルに繋がります。

「前のお店ではこうやってました」

「そんなのやったことありません」

こういった言葉も、既存の従業員を不快な気持ちにさせてしまいます。

従業員同士が気持ち良く働くためにも、自分のお店のルールを最初に教える必要があります。


また、教育をすることでそのお店の経営に対する姿勢が伝わります。

経験があろうとなかろうと、働く人はどこまで真剣に取り組んだら良いのかを初期教育の段階で判断します。

「あ、この店は手を抜いて大丈夫そうだ」
「思ったよりぬるい環境だな」
と思うか、
「真剣に取り組まないとついていけなそうだ」
「やりがいがある仕事だな」
と思うかは、経営者の真剣さが従業員に伝わるかどうかで変わります。

教育に手を抜いてしまうと、その従業員はただの作業員になってしまいます。

「ただレジを打つ」「ただ清掃する」「ただ品出しをする」だけです。

それら一つひとつは何のためにやっているのかを教育の中で伝えることが必要です。

このように「経験者だから」と言って教育を省いてしまうと従業員同士のズレを生んでしまいます。一体感のない店舗になってしまうのです。

経験がある方であっても、未経験者と全く同じカリキュラムを経験してもらうことで、知識だけでなく意識も共有することができます。

経験者にはむしろ意識の共有こそ必要なのかもしれません。

業界の常識は、世間の非常識

自分の業界では当たり前のことを客観的にみると「あれ？ これって世間とズレてない？」って思うことがあります。

例えば、コンビニエンスストアのユニフォーム。

セブンイレブンは緑色、ローソンは青いストライプでファミリーマートは濃紺です。しかしズボンの色は、ジーパン、チノパン、柄の入ったパンツなど人それぞれです。ですから統一されていません。

では、他の業態はどうでしょう。

宅配業者で言えば、佐川急便でもヤマト運輸でも上下お揃いのユニフォーム、居酒屋でもお好み焼き屋でもホテルでもユニフォームといえば、上下が揃っているユニフォームが多いです。

ユニフォームが上下統一されているだけで、信頼感が湧いてきませんか？

ですから、当社ではズボンの色は黒と指定しています。

小さなことですが、統一感は大切です。

この場合、コンビニ業界の常識は、世間の非常識です。

コンビニで手作りのチラシをもらったことはありませんか？

手書きであってもこだわったレイアウトや読みやすい字体のものを見かけます。

タイプされたチラシが当たり前なので、そう言ったチラシは手書きであっても差別化されていて目を引きます。

しかし、時間がなかったためだと思いますが、クオリティの低いものを見かけることも少なくありません。

しかし、他の業態で手書きのチラシをみると、ファッション業界のチラシでもスーパーのチラシでもクオリティが高いです。

本部から送られてくる販促物はもちろんプロの作ったチラシです。
しかし店舗オリジナルで作るものにもこだわりが必要です。

当社では、イラストレーターでデータを作成し、業者に依頼してオリジナルのチラシを作っています。

自身の業態の当たり前を一度客観的に見てみましょう。
「ほんとにそうか？」と疑ってみることで新たな視点で、同業種内でも差別化できる何かが生まれるかもしれません。

業界外のチェーンがやっていることを見ることも必要です。そこでやっている成功しているものや、自分が見て「いいな」と感じたことは取り入れていきましょう。

評価の仕組みはゲームのルール。絶対に、あったほうがいい

経営者は従業員の時給をコントロールすることができる立場です。

コンビニの中で多いのが「オーナーの気まぐれ」で時給を上げるケースです。パート・アルバイトからすると「いつ上がるのか、どうすれば上がるのか、分からない評価があいまいな経営」にうつります。

どうやったら時給が変わるのか、分からないお店で働いていると従業員はモヤモヤします。そういったことが、積もり積もって退職の原因になるかもしれません。

シンプルに「うちは時給を上げません！」というのも評価の形のひとつ。上がるのか上がらないのか分からないお店よりはよっぽどいい。

ただそれでは働くモチベーションはあがりませんので、やはり仕組み作りが必要です。

弊社では4ヶ月に一度、全パート・アルバイトの仕事ぶりを、チェックシートを通じて評価をしています。

チェックシートの内容は接客の丁寧さ・感じの良さや品出しの正確さ・スピード、ミーティングなどの参加率、予約商品への取り組み姿勢など約50項目。

会社の重要指標を形にしたものです。

基本的な事項から、しっかりと学んでいなければできない難しい事項で加点の対象項目まで網羅している内容です。

そして、その獲得した点数に応じて時給が変わっていきます。

私と正社員でチェックを行い、点数が出た後には正社員がその内容をもとにパート・アルバイトと面談を行います。

面談ではチェックシートに書かれた内容から改善すべき項目の話をしたり、チェッ

仕事への積極性	21.欠員のシフトフォロー・繁忙期	シフトに欠員が出た場合、シフトフォローに回っている。また、繁忙期の出勤に協力している [欠員のシフトフォロー２点]＋[繁忙期のシフト協力１点]	3点
	22.作業報告書の記入	作業報告書への記入を積極的に行っている[じゆうちょうの有効活用１点]＋[出勤直後の確認(サイン)１点]＋[作業ごとにチェックリストへ記入１点]	3点
	23.ミーティング参加	ミーティングに参加し、一回のミーティング中に1度は必ず質問や意見を述べている。前回通知表から今回の通知表までの間 欠席０～２回…２点、欠席３～４回…１点、欠席４回以上…０点 [参加２点]＋[質問意見１点]	3点
	24.本部からのお便り	お便りなどを熟読し、サイン欄にサインをしている	1点
	25.シフトの引き継ぎ・アルソック	シフトに入る前には勤務中のスタッフからの引き継ぎを依頼し、あがる前には次のスタッフへ伝達事項などの引継ぎを行い、アルソックを手渡ししている	1点
発注	26.発注レベルアップシート	発注レベルアップシートを毎週欠かさず、漏れなく記入している。次週仮発注の入力もしている [欠かさず漏れなく記入１点]＋[仮発注できている１点]	2点
	27.整理整頓・在庫管理	バックルームやオリコンなど、担当する商品の整理整頓・在庫管理を行い、きちんとした適正在庫になっている[整理整頓・在庫管理ができている１点]＋[適正在庫になっている１点]	2点
	28.レベルアップシートの活用	レベルアップシートで得た、売筋・死筋情報や廃棄・欠品データを活用し、発注を行っている [売筋死筋１点]＋[廃棄欠品１点]	2点
	29.売場作り・管理	新規商品の売場を自ら作成し、手書きPOPなどの演出によって、よりお客様に気付いてもらえるようにしている。売場を管理し、プライス漏れのない売場を維持している [新規売場作り３点]＋[POP４点]＋[iPad共有２点]＋[プライス２点]＋[売場管理２点]	13点
	30.主体者からの対応	主体者のレベルアップシートへのコメントや主体者の直接指導に対して即座に対応をしている [２日以内に対応している１点]	1点
売場管理	31.シフト内フェイスアップ	デイリー品のフェイスアップは鮮度をきちんと確認し、ピーク前は「前面に寄せてボリューム感を出すように」ピーク後には「上段下段の売場から目線に集中させて陳列」するようにしている [ピーク前・ピーク後１点]＋[鮮度管理１点]＋[前面ボリューム・目線集中１点]＋[フェイスアップ欄サイン１点]	4点
	32.出退勤フェイスアップ	出勤時にデイリー品のフェイスアップを行い、退勤前に非デイリーのフェイスアップを毛バタキを使って行っている [出勤時デイリー１点]＋[退勤時非デイリー１点]＋[毛ばたき使用１点]	3点
	33.清掃	作業報告書で決められた清掃を行っている。また、汚れに気付いた時はすぐ清掃をしている[作業報告書へのサイン１点]＋[作業割り当て以外の清掃１点]	2点
	34.作業の優先度	店全体の状況を把握し、作業の優先順位を決めて行うことができる。レジ最優先！お客様をお待たせしない！	1点

評価シート例
基本項目に関しては○×採点とします（できてないと１項目－5点にします）。

基本項目	遅刻をしていない。休む場合には自分で代わりを探している	×は－５点
	「おはようございます」「お先に失礼します」と大きな声で挨拶ができている	×は－５点
	身だしなみは常にきちんとしている（ユニフォーム、頭髪、化粧、アクセサリー、マスク、爪）	×は－５点
	クレームをもらっていない（直近３ヶ月間）	×は－５点
	勤務中に個人的なおしゃべりをしていない	×は－５点

フレンドリーサービス前編	1.入口意識	お客様入店時、入口のほうを向いて、笑顔で明るく、元気良く大きな声で「いらっしゃいませ」と言えている [５人全員…２点、４人以上…１点]+[笑顔１点]+[明るさ・元気さ１点]	4点
	2.レジスキャン前の言い回し	お客様がレジにいらした時に「いらっしゃいませ。支払いアプリをお持ちでしたらご用意お願いします」と感じ良く笑顔で言い、お辞儀をしている [いらっしゃいませ１点]+[アプリ１点]+[お辞儀２点]+[笑顔２点]	6点
	3.読み上げ登録	読み上げ登録を行っている	1点
	4.声かけ・山びこ・成果	声掛け商品は普段から高い頻度でおすすめをし成果に繋がっている。また、自ら山びこを積極的に行っている [声かけ３点]+[山びこ３点]+[成果２点]	8点
	5.フレンドリーな接客	お客様への「おはようございます」「こんにちは」「こんばんは」などの挨拶、天気や気温をきっかけとした会話を心がけ、こちらからお客様に話しかけるフレンドリーな接客をしている	2点
フレンドリーサービス中編	6.手洗いハンドアセプジー	フライヤー、おでん提供時に手を洗いオートアセプジーを使い消毒を行っている[両方で２点片方のみ０点]	2点
	7.資源の節約	「お箸は何膳おつけしますか？」という言い回しをし、消耗品などの資源の無駄遣いをしないように心がけている	1点
	8.レジスキャン後の言い回し	レジスキャンが終わった後、「ありがとうございます。○○円のお買い上げになります」と言い、支払い方法を的確に誘導できている [言い回し１点]+[誘導・釣り銭１点]	2点
	9.レジスキャン後の言い回し2	「ありがとうございました、またお越しくださいませ」とにこやかに言い、お辞儀をしている [言い回し１点]+[お辞儀２点]+[笑顔２点]	5点
	10.レシート渡し	レシートとお釣りが出ますので、お取り忘れにご注意ください」と伝えている	1点

クシート以外でも仕事をする上での困りごとの相談などを行っています。

日ごろから、従業員の承認欲求を満たすことができるオーナーであれば、ここまで細かいチェックシートはいらないのかもしれません。

しかし、弊社のように店舗数が増えていくと一人ひとりに目を向ける時間が短くなっていきます。

弊社では10年以上前からこのような形で評価をしています。

どんな形にせよ、評価の基準はあったほうが良いでしょう。

大幅に時給を変える必要はありません。

従業員の勤務内容の評価が、誰にでも公平に分かりやすいことが最重要事項です。

シフトはパートさんに作ってもらう

どんな職種であっても店舗を経営する時のシフト管理というのは経営者の悩みのタネです。

メンバーの要望にあわせてシフトを考えるのは、とても時間のかかる仕事です。時間をかけて作成しても、急に「シフトに入れなくなった」とかでオーナー自らがシフトの穴埋めをしなければならないなんてこともあります。

私自身もかつてはシフトを作成していました。だから、シフト作りの苦しみは十分理解しています。

「どうしてもここだけ穴が空いちゃうんだよな」なんてこともしょっちゅうありましたし、シフトが埋まらず28時間勤務したなんていう経験もあります。

シフト作成は重要な仕事です。

従業員がいないことには店舗が回りませんので、シフト作成がオーナーの仕事であるお店が多いでしょう。

実は弊社のシフト作成をしているのはオーナーでもなければ、その店を担当している店長でもありません。

パートやアルバイトの方に作成してもらっています。

主に勤務歴の長い、店舗の中心人物にお願いしています。

これには理由があります。

そもそも店舗経営はやらなければいけない仕事がたくさんあります。

発注・教育・売り場作りなど多岐にわたります。

実際にオーナー自らが全ての実務をやらないとしても、それを指示し管理することをしなければなりません。売り上げを稼ぐためにやらなければいけないことがたくさんあるのです。

では、売り上げを稼ぐという視点で考えた時にシフト作成というのはどれほどの重要性を持っているのでしょうか。

私はそれほど上位に来るものではないように思っています。シフトに穴が空いては大変ですが、シフトが埋まったからと言って売り上げが上がるわけではありませんからね。

もちろんシフト作成にも、その時その時の戦力にばらつきのないように作る技術が必要です。

しかし、そういったことを伝えれば、勤務歴が長い店舗の主力になっている従業員であれば、シフトは組めてしまうでしょう。

また、オーナーがシフトを作成すると、雇用者が従業員のシフトを作るということになります。

そうするとオーナーが従業員に「お願いして入ってもらう」ことになりますし、アルバイトからすると「オーナーに言われて渋々シフトに入る」ということになります。

オーナーによっては頼むのが苦手な方もいたりして、自らがシフトのフォローをしたり、シフトの頼み方が問題となり、オーナーと従業員の間に軋轢を生んでしまうこともあります。

このシフト作成業務をパート・アルバイトの中から担当者を付けて行うと、作成する側もされる側も「同じパート・アルバイト」ということになります。

同じ目線で話が進みますので、「ここ空いてるからお願いできない?」「私がここ入るから変わってくれない?」など、オーナーから言われるのとパートから言われるのとでは同じことを伝えたとしても、受け手の感じ方が違います。

オーナーからだと高圧的に伝わる内容でも、同じパート・アルバイトから言われると助け合いの心からスムーズに事が進みます。

任命する人は誰でもいいというわけではありません。

人望がある方、例えば仕事ができて一目置かれている方や兄貴肌・姉御肌の方が好ましいです。

こんな方であれば、トラブルが起こりにくいです。

時には経験の浅い従業員同士をシフト組みしてしまうことも起こるかもしれません。

ただそういった時こそ、オーナーがシフトフォローをすればいいのではないでしょうか?

しかし、全てオーナー自身がシフトを作る手間と時間を考えるとそんなトラブルも小さなことに感じます。ぜひ一度試してほしいと思います。

作業割り当てが離職率を低減させる

従業員に働きやすい環境を整えなきゃいけない。

それは皆さん分かっていることと思います。

「じゃあ何をしたらいいの？」

その1つが作業割り当てです。


作業割り当てとは、従業員の作業を分けて分担させることです。

例えば、「8時になったらAさんはトイレ掃除を、Bさんはレジ打ちをしながらたばこの補充をする」というようなことです。

そして、今日Aさんがやった内容を明日はBさんが、今日Bさんがやった内容を明日はCさんがやれるようにしておく。

そういう仕組みができていれば店舗のクオリティを一定水準に保てます。

作業割り当てを作らないと、同じ人が同じ仕事をすることになりかねないので、その人が休んでしまうと、その部分の仕事が進まず、クオリティが下がってしまうことになりかねません。

作業割り当てを作ることで、「人に仕事をつける」のではなく「仕事に人をつける」ことができ、お客様がいつ来店しても同じクオリティのお店の状態に維持することができます。

1日の中で分担できる仕事を細分化し、どの時間帯にどの業務を行ってもらうかの割り振りをすることが必要です。

作業割り当てがあると働きやすさに繋がります。

どうしても勤務歴の長いパート・アルバイトが入社してまもない方より立場的に上

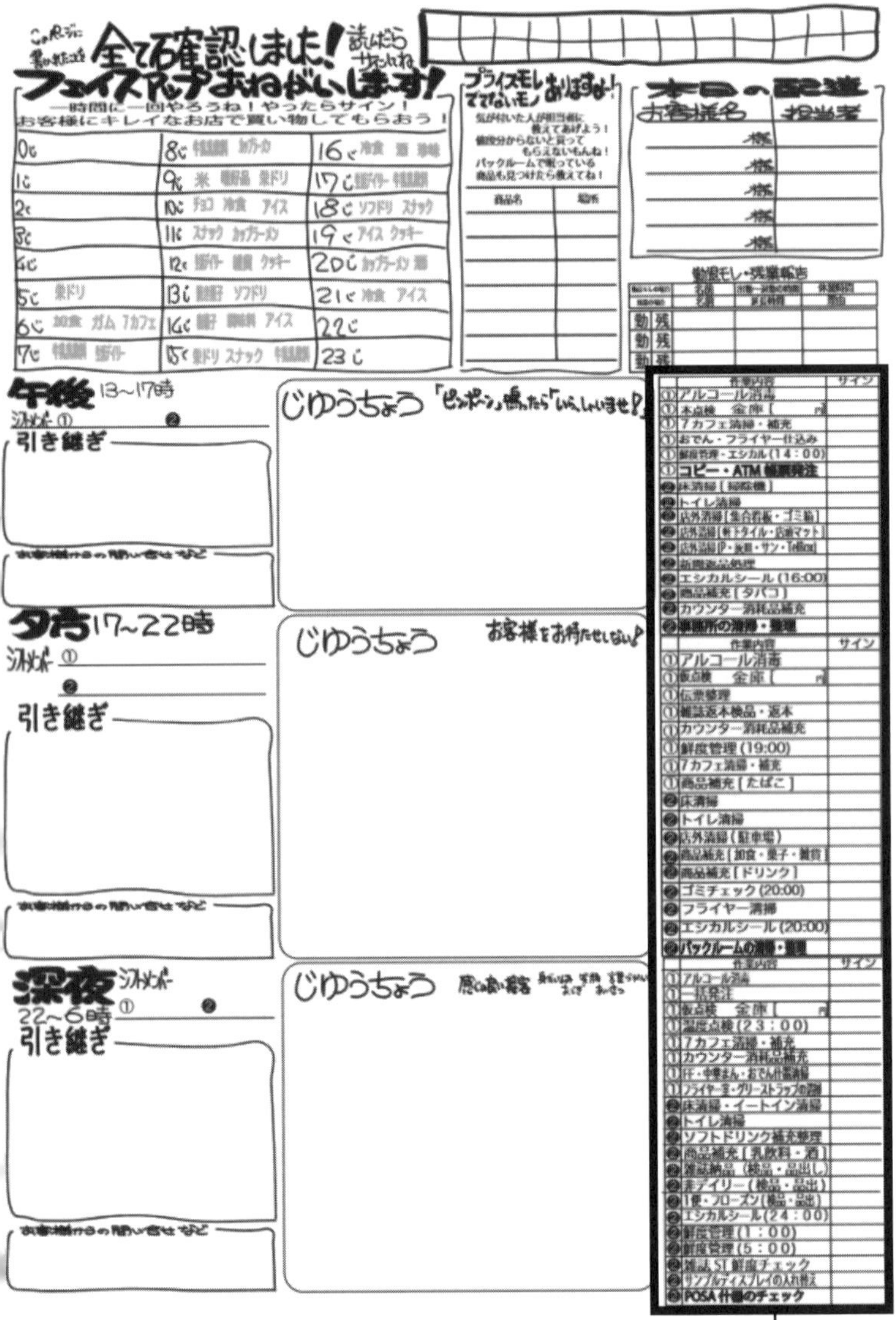

この部分が作業割り当て

になってしまう場合が多いです。

そうすると自ずと勤務歴の長い従業員がやりたがらない仕事が、入社歴の浅い人に集中してしまうことになるケースもあります。

そういったことが重なって、新人の不満が溜まってしまいます。

作業割り当てがあることで、入社歴に関係なく仕事を割り振ることができるので不平不満を生みにくくなります。

メリットはこれだけではありません。

自分が必要だと思ったタイミングでやっていいよ、などと言われても、適宜適切な仕事を自分で考えて進めていける従業員は少ないです。

あなたも「朝起きたら歯を磨いて、次に朝食を食べて、それが終わったら出社の準備をし…」というように、日々の生活をルーティン化させていると思います。

流れができていることで、ストレスなく生活できるように、日々行う作業に関してもある程度ルーティン化させておくことが必要です。それができていることで従業員の働くストレスを軽減することができます。

従業員同士の仕事内容に対する不満を抑え、ストレスを軽減することができる作業割り当てがあれば、従業員の定着率の向上にも繋がるし、店舗のクオリティを維持することができます。

働きやすい環境は教育で作ることができる

人を雇用していると問題行動を起こしてしまう従業員を雇ってしまうこともあります。

問題行動の中には、

「金髪やピアスをしているなど身だしなみができていない」
「たいてい遅刻する」
「仕事中にスマホをいじる」
「敬語を使わない」

などが挙げられます。

コンビニに限ったことではありませんが、こういった従業員に悩む経営者は多いのではないでしょうか。

これはある程度、面接時や入社初期の教育の段階で解決することができます。

「うちのお店の身だしなみ基準はこうですよ」

「遅刻は他の従業員に迷惑がかかるので、遅れそうな時はすぐ連絡してくださいね」

「仕事中は携帯電話やスマートフォンをカバンにしまって、バックルームに置いてください」

「お客様にだけでなく、従業員同士でも丁寧な言葉を使いましょう」

など、面接時や入社直後にお店のルールを共有しましょう。

それだけで、理解を得ることができます。

「そんなことで？」と思うかもしれませんが、何をやって良くて、何をしたらダメなのかはきちんと教えないと分かりません。

「そんなの常識だろ！」と自分の常識を人に押し付けてはいけないのです。

新入社員研修は大会社だからやるのではなく、中小企業であってもやる必要があります。何事も最初が肝心です。

入社しばらくは決められたルールを守ろうとしてくれますが、慣れてくると少しずつ少しずつルーズになっていくものです。

高校生の時、入学当初はきちんとした身だしなみであっても、先輩の服装を見て、同級生の服装を見て、「これくらいなら指摘されなそうだ」とギリギリ怒られなそうな服装をした方もいらっしゃるのではないでしょうか？

そんな生徒に対して、身だしなみ検査を定期的に行ってズレた身だしなみを正すということをしていたかと思います。

会社であっても同様で、定期的に自分のお店のルールを、従業員に再確認してもらう必要があります。

慣れてくると自分流になりがちだからです。

弊社では前述したチェックシートがそれに当たります。4ヶ月に一度、パート・アルバイトの評価を行うことで再認識してもらうのです。

チェックシートの内容は身だしなみ・接客・ミーティング参加率・発注精度など、弊社の考える基準を満たしていればいるほど時給も上がります。

ただし、できていたことができなくなった場合、評価の点数によっては時給が下がります。


弊社では「60点以上70点未満は基本時給＋20円」「70点以上は基本時給＋40円」というように〝時給〟を変更するのではなく、〝加給〟部分の変更をしています。

前回70点だった人が60点になった場合、20円の時給が下がります。


初期教育でルールを周知し、定期的なチェックを行っていけば、従業員のクオリティを維持することができます。

そして、みんながクオリティの高い仕事をしていれば、新しく入社してくるアルバイトも自然とクオリティの高い仕事をしてくれるようになります。

おわりに

最後までお読みいただきありがとうございました。

本書を執筆するにあたり葛藤がありました。

「フランチャイズ本部の人間が書いている本は数多くあるけれど、加盟している側の人間が本なんか書いても良いものなのか」

「本書を出版することで、もしかしたら本部とフランチャイズオーナーの間に溝を作ってしまうのではないか」

本部と加盟店は対等とはいうものの、親子の関係に近いものでもあります。

しかし、この本を書いてみて改めて感じたことは、私が加盟しているフランチャイズ本部は本当に手厚いサポートをしてくれているということでした。これを本書の中で表現することができたことに私自身満足しております。

同じことを言っていたとしても、誰が言ったかで伝わり方は変わってくるものです。

「フランチャイズビジネスは素晴らしい！」

これを本部が言えば自画自賛になりますが、加盟しているオーナーが発信すれば、これから加盟を考えている方にはより強く響くでしょう。

私がこの本で伝えたかったことは、フランチャイズとは言っても会社経営には変わらない。本部のサポートを受けることができたとしても、結局成功している加盟店オーナーは自らが経営者としての自覚を持って活動しているということでした。

お読みいただいた方の中には、本書で書かれていることを綺麗事と感じる方がいるかもしれません。しかし、私が執筆したことを行って成功している人がいることを忘れてほしくないのです。

本書を出版するにあたりたくさんの方々にご協力をいただきました。出版のきっかけとなったビジネス書著者養成スクール・ネクストサービス株式会社の松尾昭仁様、

[illegible]ビス株式会社関係者のみなさまには感謝しかありません。[illegible]当してくださった自由国民社三田智朗副編集長のお力がなければ本書は生まれませんでした。本当にありがとうございました。

また、仲間の皆さん、会社のスタッフ、いつも応援してくれてありがとう。

最後に私の家族にもお礼を言いたいと思います。いつも本当にありがとう。

大沢治子様、
編集を担当、ネクストサービ

…の酒販小売店に生まれる。実父は酒販店を経営し、実母は筆
…ビニ経営をスタート。大学では経営学を専攻。大学卒業後、酒
…「酒販専門学院」で小売業のノウハウ・酒の専門知識を学んだ

…以降、組織化ができていないことが原因で、店舗の質が低下。そこ
…経営からの脱却を決意し、「組織作り」「人材教育」に着手。全従業
…、新人向け研修、POP作りの研修などを、店舗隣に建てた専用セミナー
…期的に開催している。コンビニ加盟店としては異例とも言えるこれらの
…業界でも注目を集めており、多店舗展開を行う経営者が多く視察に訪れて

…高17億円・店舗数7店舗・従業員数150名の組織にまで成長。また今後もさらに
…大を計画している。

…格は「お人好し」「思い立ったらすぐ行動（落ち着きがないとも言う）」
…趣味はベース演奏（ヘヴィメタル！）、筋トレ、空手

メールアドレス　nagatama_owner@gmail.com
Twitter　@nagatama_owner
Facebook　https://www.facebook.com/profile.php?id=100089548688424

儲かるコンビニフランチャイズの教科書

2023年3月6日　初版第1刷発行
2023年4月6日　初版第2刷発行

著者　長瀬　環

カバー　JK
本文デザイン&DTP　（株）明昌堂

発行者　石井　悟
発行所　株式会社自由国民社
〒171-0033　東京都豊島区高田3丁目10番11号
電話　03-6233-0781（代表）
https://www.jiyu.co.jp/

印刷所　横山印刷株式会社
製本所　新風製本株式会社
編集担当　三田智朗
企画協力　松尾昭仁（ネクストサービス株式会社）